中国社会科学院创新工程学术出版资助项目

历史学者眼中的毛泽东小丛书

张每鸣 主编

毛泽东的学风文风

周溯源 等著

中国社会科学出版社

图书在版编目（CIP）数据

毛泽东的学风文风／周溯源等著．—北京：中国社会科学出版社，
2015.6（2017.2 重印）

（历史学者眼中的毛泽东小丛书／张海鹏主编）

ISBN 978 - 7 - 5161 - 5867 - 8

Ⅰ.①毛…　Ⅱ.①周…　Ⅲ.①毛泽东(1893~1976)—学风—
研究②毛泽东(1893~1976)—文风—研究　Ⅳ.①A755

中国版本图书馆 CIP 数据核字（2015）第 064276 号

出 版 人　赵剑英
策划编辑　郭沂纹
责任编辑　郭沂纹　安　芳
责任校对　李小冰
责任印制　李寡寡

出　　　版　中国社会科学出版社
社　　　址　北京鼓楼西大街甲 158 号
邮　　　编　100720
网　　　址　http://www.csspw.cn
发 行 部　010 - 84083685
门 市 部　010 - 84029450
经　　　销　新华书店及其他书店

印　　　刷　北京君升印刷有限公司
装　　　订　廊坊市广阳区广增装订厂
版　　　次　2015 年 6 月第 1 版
印　　　次　2017 年 2 月第 2 次印刷

开　　　本　710×1000　1/16
印　　　张　7
插　　　页　2
字　　　数　104 千字
定　　　价　26.00 元

总　序

　　2013 年 12 月 26 日是毛泽东诞辰 120 周年。毛泽东去世也已 37 年。毛泽东作为中国近现代史上一个伟大的历史人物，已经进入任人评说的时候。在毛泽东的历史评价上，出现了两极分化。这种两极分化的历史评价，或多或少与他们对现实中国的认识有关，与中国特色社会主义的价值体系有关。这套小丛书拟定了大小适中的选题，约请历史学者，从中国近现代史研究出发，以历史学者的眼光来观察毛泽东，来评价毛泽东，希望给毛泽东这个伟大的历史人物一个符合历史的评价。这些历史学者基于历史事实的分析，希望给大众特别是青年读者以正确的引导。敬请读者不吝赐教。

　　毛泽东是中国近现代史上一个最伟大的、最杰出的历史人物。

　　20 世纪初以来，中国近代历史的第一次飞跃是由我国民主革命的先行者孙中山完成的。他举起资产阶级革命的旗帜，推翻了我国历史上最后一个封建王朝，辛亥革命开启了中国历史进步的新纪元。他的功绩是值得后人纪念的。

　　中国近代历史的第二次飞跃，是在毛泽东领导下的中国共产党人完成的。毛泽东不仅领导中国人民胜利地走完了新民主主义革命的全部历程，而且引领中国走上了社会主义的大道，为中国人民探索中国特色社会主义奠定了雄厚的基础。这一次的历史飞跃，比较第一次历史飞跃，历史意义更大，历史影响更加深远，是要永远彪炳史册的。

从 1849 年到 1949 年这一百年，是中国历史上最为惊天动地、惊世骇俗，变动最为剧烈的一百年。从 1949 年到 2049 年，是一个中华民族从衰弱走向复兴的一百年。这两个一百年，是要为今后的中国历史学家大书特书的两个一百年。毛泽东正活动在这两个一百年的中间：1949 年前的半个世纪，他在剧烈变动的时代中是一个叱咤风云的人，是一个引领时代前进的人，他推动了历史的前进；在 1949 年后的 27 年中华民族复兴的途程中，他还是一个呼风唤雨的人，是一个引领时代前进的人，是一个动员了中国全体人民的人，虽然在行进中有些跌跌撞撞，他毕竟在探索中国前进的路。他是一个把毕生毫无保留地献给了中国人民的人！他是一个为国家走向富强工作到最后一息的人。我们的后人将会为中国的发展创下更为伟大的业绩，这是毫无疑问的，但是像毛泽东经历了那样剧烈的世纪变化、那样多风雨兼程、那样多天地开创的人，应该是前无古人，后鲜来者的！

今天，全体中国人在生活中所享受的物质条件都比他那个时代好，但是我们不要忘记，我们都在享受着他的劳绩带给我们的丰泽雨润。

1981 年 6 月，中共十一届六中全会通过了《关于建国以来党的若干历史问题的决议》，对毛泽东的历史地位和他对中国历史的独特贡献作出了科学的评价和总结。中国共产党的领导人邓小平、江泽民、胡锦涛、习近平等都对毛泽东的历史贡献作出了肯定的评价。这些肯定的评价反映了中国绝大多数人民的想法，是尊重历史事实的，是得到人民拥护的。

毛泽东不是圣人，不是神仙，他的一生当然也犯过错误，尤其是他的晚年，所犯错误尤其严重。平心而论，这些错误，不只是毛泽东个人的错误，是那一代人的共同错误，是时代的局限造成的。当然，毛泽东应该承担更多的责任。早日建成社会主义，早日过渡到共产主义，那一代中国人哪一个不是欢欣鼓舞呢？我是那个时代的过来人，是有切身体会的。虽然物质生活匮乏，精神生活是昂扬的，对早日到达共产主义是有追求，是有向往的。但是这种急性病，距离社会现实太远，是不能实现的。这种急性病，带有列宁所批评的共产主义运动中"左派"幼稚病的某些迹象。社会的发展，社会主义的发展，有自己的规律，不能想当然去超越。通过后来的历史发展，我认识到了，体会到了。在一定意义上说，犯这种错误是难免的。这不是为毛泽东的错误开脱。中国共产党人摸索新民主主义革命的规律，从建党到中华人民共和国成立，花了 28 年。这 28 年就是一个应该付出的代价。从中华人民共和国成立到 1976 年"文化大革命"结束，毛泽东去世到十一届三中全会，也是 28 年，这也是一个应该付出的代价，这以后才可能召开中共十一届三中全会，才可能形成对建设中国特色社会主义的新认识。而且这个认识到现在又过了三十多年，我们还处在继续探索和加深认识之中。

历史人物难以避免时代的局限，这是任何时代的人不能回避的。毛泽东的过人之处就在于，他自己认识到这一点。

毛泽东说过我们不是圣人，难免犯错误。他在 1956 年总结苏联的教训时说："共产主义运动，从马克思、恩格斯发表《共产党宣言》算起，至今只有一百年多一点的历史。无产阶级专政的历史，从俄国十月革命算起，还不到四十年。实现共产主义，是空前伟大而又空前艰巨的事业。不艰巨就不能说伟大，因为很艰巨才很伟大。在这艰巨斗争的过程中，不犯错误是不可能的，因为我们走的是前无古人的道路。我历来是'难免论'。斯大林犯错误，是题中应有之义。赫鲁晓夫同样也要犯错误。苏联要犯错误，我们也要犯错误。问题在于共产党能够通过批评和自我批评克服自己的错误。"1957 年他在省市自治区党委书记会议上讲话说："我们搞革命和建设，总难免要犯一些错误，这是历史经验证明了的。《再论无产阶级专政的历史经验》那篇文章，就是个大难免论。我们的同志谁愿意犯错误？错误都是后头才认识到的，开头都自以为是百分之百的马克思主义。当然，我们不要因为错误难免就觉得犯一点也不要紧。但是，还要承认工作中不犯错误确实是不可能的。问题是要犯得少一些，犯得小一些。"这里说的犯错误，既包括了历史时代的局限可能犯的错误，也包括因认识不足和经验缺乏所犯的错误，还包括因个人原因犯的错误。重要的是，中国共产党能够通过自己的努力来克服错误。中国共产党已经总结了自己的历史，包括毛泽东领导国家时期的历史，克服了以往的错误，中国的事业又重新大踏步前进了。

毛泽东一生革命，一家人中出现了六位烈士。中华人民共和国成立以后，为了保家卫国，他像千千万万普通父母一样，把自己的儿子送到朝鲜战火的前线。他的儿子毛岸英未能幸免于美国军机的炸弹，未能全身返国。毛泽东一生清廉，勤勉从公，没有为子女和亲属留下财产和权力。五千年中国历史里，从古代的皇帝到民国时期的总统，哪一个能与他相比呢？哪一个能像他那样大公无私呢？毛泽东对国家的忠诚和贡献是无与伦比的。

毛泽东是中国近现代历史上最重要的伟大人物，是值得今天的中国人怀念的！无论他的成就或者失误，都将成为我们今后前进的借鉴和财富。

小丛书的写作，立足于历史事实，有史实根据，不收道听途说之论。文字通俗，力求深入浅出。基本观点，贯穿党的历史问题决议，遵守党的十八大精神。书中引语，都有根据，不妄加解释。

小丛书每本十几万字。共列出九本。下面是九本书及其作者。

《毛泽东的学风文风》周溯源　颜兵等（中国社会科学院）

《毛泽东的读书生活》周溯源　刘宇等（中国社会科学院）

《毛泽东与青年》郝幸艳（中国社会科学院）

《毛泽东与人民》龚云（中国社会科学院）

《毛泽东的民族精神》刘书林（清华大学）

《毛泽东与反腐倡廉》王传利（清华大学）

《毛泽东对中国社会主义道路的探索》仝华等（北京大学）

《毛泽东与新中国政治制度的建立》高中华（中共中央党校）

《雄才伟略毛泽东》张海鹏　高中华（中国社会科学院、中共中央党校）

张海鹏

2013 年 10 月 1 日

目　录

一

总　论

　　毛泽东是中共历史上认真关注和研究学风文风问题的第一人。他在运用马克思主义解决中国实际问题的过程中，形成了自己独特的学风文风，而且身体力行，倡导以马克思主义为指导的优良学风文风，创造了中国共产党人时至今日的学风文风传统，影响深远。

　　毛泽东的学风文风具有鲜明的特点。毛泽东的学风文风是在马克思主义指导下，经过丰富的革命实践和大量的创作活动逐步形成的，在长期的革命、建设、改革的过程中，始终作为优良学风文风的准则和典范。特别是毛泽东提倡"理论联系实际"的学风，倡导准确、鲜明、生动的文风，并率先垂范，著作了一系列调查研究、政论、新闻通讯类文章，留下了许多脍炙人口的佳作，其政治性、思想性和艺术性都臻于纯熟和完美，堪称后人学习的楷模。

　　毛泽东学风文风的重要价值，还在于其思想的深刻性和丰富性。在毛泽东思想体系中，学风文风问题不仅仅是一个有关学习的问题，而且是思想方法问题，是党风、党性问题，是如何对待马克思主义的态度问题，是马克思主义普遍真理与中国革命实践相结合、并不断创新的问题，是党风建设的重要组成部分。毛泽东的学风文风，是与毛泽东一贯倡导的党风、政风相统一的，是毛泽东思想在学习实践、文艺创作实践的具体体现。同时，毛泽东作为文章大家，非常善于从传统文化中汲取营养，他博览群书、手不释卷，特别是其日积月累研读了大量的历史著作，以其敏锐的思想和洞察力，总结前人经验得失，使得毛泽东的学风文风既承接了古代优秀学风文风的传统，又能取其精华去其糟粕，对传统进行合理的扬弃，开创了马克思主义学风文风的新境界。

2013 年是毛泽东诞辰 120 周年，在缅怀以毛泽东为代表的老一辈无产阶级革命家丰功伟绩的同时，我们应该继承其优良的学风文风。笔者认为，研究和学习毛泽东的学风文风，应该以毛泽东思想为理论基础，从学习和研究毛泽东关于学风文风的理论，以及毛泽东对于学风文风的具体实践两个方面入手，全面地把握毛泽东的学风文风特点和深刻内涵，真正学到本质、学到精髓、学以致用。

（一）学风文风及其内涵

"学风"及内涵。"学风"有广义和狭义之分。广义的"学风"从字面上可理解为"学习之风"，学，即"学习"，风为"风尚"、"风气"及"作风"。学风是指有关学习的价值取向或者行为特征。孔子曾有"三人行，必有我师焉"、"学而时习之，不亦说乎"、"学而不思则罔，思而不学则殆"等关于学习认识以及学习心得的论述；北宋学者张载提倡学者应"为天地立心，为生民立命，为往圣继绝学，为万世开太平"，体现出古人对为学使命感和价值观的深度思考。宋代理学家朱熹提倡"格物致知"，明代学者王阳明提出"知行合一"的知行观，清代学者魏源有"经世致用"的论述，这是涉及学风问题的中国古代思想。

狭义的"学风"，则专指关于"学习的风气"的问题。"学风"的内涵包括两个层次：第一个层次是理论与实践的关系问题，即是理论联系实际，还是理论与实践脱节；第二个层次包括学习目的、学习态度和学习方法问题。"学风"实际上涉及马克思主义的世界观、认识论和方法论。本书所指"学风"为狭义的"学风",是马克思主义思想体系范畴内的概念。在马克思主义学说发展史上,毛泽东第一次明确提出了"学风"的概念。1941 年 9 月 10 日,毛泽东在《反对主观主义和宗派主义》一文中首次使用了"学风"概念,毛泽东在 1942 年《整顿党的作风》中强调,"学风问题是领导机关、全体干部、全体党员的思想方法问题,是我们对待马克思列宁主义的态度问题,是全党同志的工作态度问题"①。从毛泽东对学风问题的论述来看,党的学风的科学内涵主要包括以下两点:

第一,党的学风问题实际上是关于理论联系实际的问题。毛泽东学风建设思想的实质,是党如何对待马克思主义的问题,如何处理理论与实际关系的问题。"理论联系实际"来源于马克思主义的理论品质。马克思主义作为无产阶级的科学指导思想,它不承认绝对适用于一切时代和时期的不变的结论和公式,它要求各国无产阶级根据各国的历史条件和具体特点,正确地解决革命的道路、战略和策略等实际问题。"理论联系实际"的学风特点,要求党员在对待马克思主义问题上,必须坚持以马克思主义的立场、观点、方法为出发点,用马克思主义来解释世界、改造世界,并时刻坚持理论与实践的统一。对此,毛泽东在《反对本本主义》中指出,"马克思主义的本本是要学习的,但必须同我国的实际情况相结合",他又在《中国共产党在民族战争中的地位》一文中指出,"马克思列宁主义的伟大力量就在于它是和各个国家的革命实践相联系的"。毛泽东曾引用"有的放矢"的成语来阐释。他指出,马克思列宁主义的学风就是"有的放矢"的态度。"'的'就是中国革命,'矢'就是马克思列宁主义。我们中国共产党人所以要找这根'矢',就是为了要射中国革命和东方革命这个'的'的。"②毛泽东提倡的这种"学风",就是坚持理论联系实际、实事求是的马克思主义学习态度。是否坚持理论与实际相统一,是理论联系实际,还是理论与实际脱节,是区别于马克思主义与非马克思主义学风

---

① 《毛泽东选集》第 3 卷,人民出版社 1991 年版,第 813 页。

② 同上书,第 801 页。

的重要标准。因此,理论联系实际、实事求是是党的学风问题的核心。

　　第二,党的学风问题还包括党组织或党员的学习目的、学习态度和学习方法问题。学风既然是一个如何对待马克思列宁主义的态度问题,是理论联系实际的问题,那首先要回答为什么要学习理论,用什么态度和方法对待学习的问题。对此,毛泽东指出,马克思列宁主义学风"就是要有目的地去研究马克思列宁主义的理论,要使马克思列宁主义的理论和中国革命的实际运动结合起来"①。"对于马克思主义的理论,要能够精通它、应用它,精通的目的全在于应用。"② 这就阐明了学习理论的目的、学习与应用的关系。他指出:"在这种态度下,就是要有目的地去研究马克思列宁主义的理论,要使马克思列宁主义的理论和中国革命的实际运动结合起来,是为着解决中国革命的理论问题和策略问题而去从它找立场,找观点,找方法的。"③ 对此,毛泽东提出了反对和批判主观主义,大兴调查之风,大力提倡实事求是、理论联系实际、注重调查研究、坚持群众路线、开展批评与自我批评等一系列学风建设的重要原则和科学方法。为了更深刻地理解中国实际问题,毛泽东还积极倡导学习中国历史文化知识,他曾批评党内普遍存在的不去研究中国历史,只会片面理解国际革命经验的现象。他在《改造我们的学习》中指出:"不论是近百年的和古代的中国史,在许多党员的心目中还是漆黑一团。许多马克思列宁主义的学者也是言必称希腊,对于自己的祖宗,则对不住,忘记了。"④ 毛泽东身体力行,学习阅读了大量的中国古代文化典籍,批判地汲取了中国传统文化的精华,推动了马克思主义的中国化,使中华优秀文化自觉地成为中国化马克思主义的理论源泉之一。此外,毛泽东还要求党员干部学习自然科学、古典文学等有益的知识,以提高科学文化水平。⑤

---

　　① 《毛泽东选集》第 3 卷,人民出版社 1991 年版,第 801 页。

　　② 同上书,第 815 页。

　　③ 同上书,第 801 页。

　　④ 同上书,第 797 页。

　　⑤ 参见韩振峰《毛泽东的学风建设思想探析》,《河北大学学报》(哲学社会科学版)2006 年第 5 期。

毛泽东关于学风问题的重要论述和建设思想，提高了广大党员的理论水平和思想政治觉悟，统一了思想，端正了学风，加强了纪律，纯洁了组织，提高了党的战斗力，是至今指导中国革命建设不断取得成功的宝贵精神财富和建设马克思主义学习型政党的理论基石。

"文风"及内涵。"文风"，一般而言，是指一个时期文章的风尚、习气，或文坛上某种带着倾向性的发展趋势。亦指文化风习、文化潮流、审美习尚，它是人们常讲的时代风格、流派风格等概念。如鲁迅所讲的"魏晋风度"以及文学史上的"唐风汉韵"、"宋明理趣"等，都是对当时文风的概括。中国历史上的文风，从魏晋盛行的骈俪文，到唐代韩愈、柳宗元倡导学习"文以载道"、"文从字顺"的秦汉散文，掀起了一场声势浩大的、被后世誉为"文起八代之衰"的唐宋古文运动，文风为之一变，到清代桐城派将文章要旨归纳为"义理、考据、辞章"三个方面，则形成了清新疏朗、优雅大方的小品文风，而到了维新变法前后，梁启超笔下那些流畅通俗、气势充沛、半文半白的"新民体"风靡一时；在新文化运动时期，胡适倡导通俗易懂、采用口语词汇写作的白话文等。可见，不同历史时期文章风格的流变和转型，都涉及文风问题。从文学的语言风格上讲，有高昂、有低迷；有刚健，有颓废；有活泼，有僵化；有清新脱俗，有陈旧迂腐；等等。

本书所指的"文风"，不仅涉及上述的语言文风问题，还涉及文章的价值观和立场问题。所谓"文风"，即指在现代语境下，尤其是在马克思主义政党的理论实践中"文章所体现的风格特点及其思想作风"。"文风"的概念包括语言文字的风格以及思想作风两个层面，但主要指思想作风层面。马克思主义的"文风"概念，不仅仅是指单纯的语言文字或写作技巧问题，更是涉及对党员干部的思想作风的要求，即是否在文章中坚持和贯彻了马克思主义世界观和方法论。对此，毛泽东说过："写文章，第一是设计，第二是施工，第三是雕梁画栋，第四是验收。经过这几步，文章就能更好地接近和反映客观实际。"[①] 这表

---

① 胡耀邦等：《毛泽东同志90周年诞辰纪念文选》，人民出版社1984年版，第327页。

明文风是否接近和反映客观实际，是评价其是否符合马克思主义文风的重要标准。此外，文风问题，更是与政治立场和思想路线紧密相连，体现为"为谁而文"的问题，即是指所写的文章，所讲的话语，是面向少数人为少数人服务，还是面向人民大众为绝大多数人服务的问题。回顾历史，毛泽东在《整顿党的作风》《反对党八股》等著作中系统地论述了党的文风问题。五四运动提倡白话文，反对党八股、老教条，在与传统文风的斗争中解放了思想，促进了马列主义在中国的传播。延安整风运动提倡马克思主义文风，反对党八股，强调"新鲜活泼的、为中国老百姓所喜闻乐见的中国作风和中国气派"①，并具体要求写文章要准确、要鲜明、要生动，这就又一次解放了人民的思想，涌现出一批新时代的文风典范。

学风与文风的关系。第一，文风是学风在语言文字方面的反映。古人云，言为心声，书为心画，文风亦是如此。有什么样的党风就有什么样的学风，也就有什么样的文风。中国共产党是代表着工人阶级，代表着人民大众，代表着中国最广大人民群众根本利益的政党，它坚持为人民服务的宗旨，倡导实事求是，理论联系实际，坚持走群众路线的学风。在这种学风之下所形成的文风，体现出来的就是科学化的、民族化的、大众化的社会主义文化。因此，文风与学风体现出高度的一致性。从本质上讲，文风是党的世界观、价值观的集中体现。

第二，文风对学风具有一定的反作用。文风作为学风的外在反映，与学风的关系是辩证的，即文风取决于学风，又反作用于学风。由于文风涉及党在思想、政治、组织、工作和生活等各个方面，影响深远。"随风潜入夜，润物细无声"，文风正是潜移默化地产生作用。好的文风能促进、端正广大党员对待马克思主义的态度和行为。反之，文风不正则使得党在思想、政治、组织、工作和生活等方面对待马克思主义的理解、态度和行为发生偏差，使得党正确的思想、路线、方针、政策无法有效地传达与执行，不利于党的各项事业顺利进行。

第三，学风文风反映党风、影响党风。毛泽东在《整顿党的作

---

① 《毛泽东选集》第3卷，人民出版社1991年版，第844页。

风》中指出："学风和文风也都是党的作风,都是党风。"① 把作风问题提到党的世界观的高度,是中国共产党自身建设的一个突出特点,是毛泽东党建思想中的一个重要内容。因此,学风是文风的基础,文风是学风的体现,党风是根本,学风文风统一于党风。毛泽东指出,党风问题关系到党的生死存亡,关系到人心向背,是党必须面对的至关重要的问题。在《论联合政府》等著作中,毛泽东强调理论联系实际、密切联系群众、批评与自我批评三大作风。建国前后,毛泽东又提出了继续保持谦虚谨慎和艰苦奋斗的作风,反对脱离群众的官僚主义等重要思想。毛泽东开创性地把党的作风从党员个人扩展到全党全组织这一整体,将其由一般的工作作风拓展到思想政治、经济军事、工作生活等各方面,也包括党在学习活动和文化活动中的作风建设,从而形成系统的党建思想,为马克思主义政党的建设指明了正确的方向。

总之,毛泽东所倡导的中国共产党优良的学风、文风与党风,是马克思主义基本理论在中国实际运用的产物,是在中国革命和建设事业中逐步形成和发展起来的,是中国共产党革命建设的工作指南、工作准则和工作方法,三者是有机的统一体。

(二) 毛泽东学风文风的特点

理论联系实际,是毛泽东学风文风的首要特点。毛泽东一贯反对那种"不调查,不研究,提起笔来'硬写'的宣传家"②,号召党的理论宣传工作者要"迈开双脚,学个孔夫子的'每事问',扎扎实实地做调查工作。没有调查就没有发言权"③。从国民革命、土地革命到革命根据地的开辟和建设,从抗日战争到解放战争,再到新中国的成立

① 《毛泽东选集》第3卷,人民出版社1991年版,第812页。

② 《毛泽东选集》第4卷,人民出版社1991年版,第844页。

③ 《毛泽东选集》第1卷,人民出版社1991年版,第110页。

和社会主义建设时期，毛泽东在中国革命和建设实践中，不断探索总结，从中国国情出发，将马克思主义的基本原理和革命实践中遇到的实际问题相结合，撰写了《中国社会各阶级的分析》《星星之火，可以燎原》《反对本本主义》《论反对日本帝国主义的策略》《改造我们的学习》《反对党八股》《整顿党的作风》《论十大关系》《关于正确处理人民内部矛盾的问题》等一系列论著，并亲自领导了延安整风运动和党的学习运动，开展学习教育活动和学风建设，毛泽东以其毕生的亲身实践，为中国共产党树立起了理论联系实际的学风文风的典范。

坚持群众路线，是学风文风的根本出发点。毛泽东是党的群众路线的倡导者和践行的楷模。从毛泽东著作中可以看出，他的演讲、报告等80%的篇章都与人民群众，特别是劳苦大众的衣食住行密切关联。他关心群众疾苦、倾听群众心声，深入群众调查研究。尤其善于以群众为师，虚心向人民群众学习请教，在文章创作中大量采用群众语言、语汇，形成了通俗易懂、生动活泼的"毛氏"语言风格，让党在学风文风上与人民群众气脉相通、同声相应，保持了党和人民群众的血脉联系。而针对那些脱离人民群众的工作作风，毛泽东批评道："我们的干部中，自以为是的很不少。其原因之一，是不懂马克思主义的认识论。因此，不厌其烦地宣传这种认识论，是非常必要的。简单地说，就是从群众中来，到群众中去。下决心长期下去蹲点，就能听到群众的呼声，就能从实践中逐步地认识客观真理，变为主观真理，然后再回到实践中去，看是不是行得通，如果行不通，则必须重新向群众的实践请教。这样就可以解决框框问题，即教条主义问题了，就可以不信迷信了。"[①]《中国社会各阶级的分析》《湖南农民运动考察报告》等论著就是建立在他对人民群众生活的真切关注、对当时社会各阶层特别是劳苦大众生活的真实体验基础之上而撰写成功的。

求真务实是毛泽东学风文风的核心。毛泽东是求真务实的典范，早在青年时期，毛泽东就注重对"实事和真理"的研究，形成了办事情、研究学问都要从实际出发的认知，主张"踏着人生和社会的实际

---

① 《毛泽东文集》第8卷，人民出版社1999年版，第324页。

说话"①。反对那些不切实际的"空虚思想",以"不说大话,不好虚名,不行架空之事,不谈过高之理"② 作为修身的座右铭。成为党的领袖后,毛泽东更是强调求真务实。在中共第七次全国代表大会的报告中,他告诫全党:"就是要讲真话,不偷、不装、不吹。偷就是偷东西,装就是装样子,'猪鼻子里插葱——装象',吹就是吹牛皮。讲真话,每个普通的人都应该如此,每个共产党人更应该如此"③,讲真话"这个问题解决了,我们党的作风就可以更切实了。我们一定要老老实实"。此外,毛泽东在为陕北公学成立的题词中要求造就一大批"脚踏实地富于实际精神"的人④,他为《七大纪念册》题词"实事求是,力戒空谈"⑤。毛泽东多次强调爱讲假话的害处:一害人民,二害自己,总是要吃亏的。因此,只有做到求真务实,写文件、讲话、创作文章才能言之有物、言之有理,才能避免教条主义、形式主义、主观主义和官僚主义等错误思想作风对于学风文风建设的影响。

准确、鲜明、生动是毛泽东对文风的基本要求,也是毛泽东著作的突出特点。毛泽东在《工作方法六十条(草案)》一文中指出:"文章和文件都应当具有这样三种性质:准确性、鲜明性、生动性。准确性属于概念、判断和推理问题,这些都是逻辑问题。鲜明性和生动性,除了逻辑问题以外,还有词章问题。"⑥ 准确性是指思想内容表述明确;鲜明性意指文章的立场分明;生动性要求指语言文字的风格新鲜活泼。那么,怎样做到准确、鲜明、生动呢?毛泽东的答案是向群众学习,向社会的实际生活学习。就是要学习平实鲜活的群众语言,学习并提炼社会生活中多姿多彩的应用语言。毛泽东写文章始终贴近实

---

①　中共中央文献研究室、中共湖南省委《毛泽东早期文稿》编辑组:《毛泽东早期文稿》,人民出版社1990年版,第363页。

②　同上书,第581页。

③　《毛泽东新闻工作文选》,新华出版社1983年版,第125页。

④　中共中央文献研究室编:《毛泽东著作专题摘编》,中央文献出版社2003年版,第2101页。

⑤　中共中央文献研究室编:《毛泽东著作专题摘编》,第249页。

⑥　《毛泽东文集》第7卷,人民出版社1999年版,第359页。

际，遣词造句尽可能地使用群众语言，他的文风体现出鲜明的群众路线以及浓郁的中国特色、中国作风和中国气派。关于向群众学习，毛泽东在《关于农村调查》讲到他的亲身体验："我在兴国调查中，请了几个农民来谈话。开始时，他们很疑惧，不知我究竟要把他们怎么样。所以，第一天只是谈点家常事，他们脸上没有一点笑容，也不多讲。后来，请他们吃了饭，晚上又给他们宽大温暖的被子睡觉，这样使他们开始了解我的真意，慢慢有点笑容，说得也较多。到后来，我们简直毫无拘束，大家热烈地讨论，无话不谈，亲切得像自家人一样。"① 毛泽东倡导生动活泼、新鲜有力的马克思主义文风，十分重视语言要接近群众，树立了"为中国老百姓所喜闻乐见的中国作风和中国气派"② 的文章典范，形成毛泽东准确、鲜明、生动的文风特征。

毛泽东倡导的学风是理论与实践相结合、坚持群众路线、求真务实，其文风是准确、鲜明、生动。不管是在青年时代毛泽东文章佳作崭露头角，作为思想家和理论家的才华初见端倪，还是在成熟期毛泽东以优良的学风文风促进了马克思主义中国化的完成，进而形成毛泽东思想，还是在建国之后毛泽东对于社会主义建设理论及实践的进一步发展，探究起来，毛泽东学风文风始终具有鲜明的特点。他的学风文风始终是积极倡导从中国国情出发，将马克思主义的基本原理与中国实际相结合，形成了独具特色的中国话语、中国风格、中国气派。

（三）毛泽东学风文风的发展阶段

1. 毛泽东学风文风的萌芽期

青少年时期是毛泽东学风文风的萌芽期。毛泽东诞生于中国近代社会，面对国家的苦难与民族的危机，青少年时代的毛泽东就有着远大而崇高的理想，他关心国家前途命运，关注民生、思考社会，致力

---

① 《毛泽东农村调查文集》，人民出版社1982年版，第27页。
② 《毛泽东选集》第2卷，人民出版社1991年版，第534页。

于充分了解中国国情、寻求解决社会发展问题、探索中国发展之路。毛泽东出生于湖湘大地，在前辈先贤、良师益友的影响熏陶下，他继承了湖湘文化中求真务实、崇尚实学的传统，青年时代的毛泽东广泛交游，博览群书，不仅钻研理论知识，更是倡导实地调查研究，养成了从中国历史文化中寻找解决中国现实问题答案的学习方法。这为后来毛泽东创造性地解决革命理论问题、探究革命发展之路，做了充分的知识文化积累和思想准备，提供了科学的方法论基础。可以说，这一时期毛泽东丰富的求学经历、调查研究及理论思考，奠定了毛泽东一生优良学风文风的基础。

2. 毛泽东学风文风的初创期

毛泽东的学风文风思想及理论著作是在与党内错误思想的斗争中逐步创立起来的。20 世纪 20 年代，毛泽东在总结大革命胜利与失败的经验教训、清算土地革命战争初期党内"左"倾主义造成的盲动危害时，涉及中国共产党应该怎样正确对待马克思主义的问题，逐步形成了中国革命必须从中国实际出发的认识。在这一时期的革命实践中，毛泽东写出了一系列用马克思主义基本原理分析解决中国革命实际问题的重要文章，初创了学风文风思想。例如，在《关于纠正党内的错误思想》一文中，毛泽东提出要"教育党员使党员的思想和党内的生活都政治化、科学化。要达到这个目的，就要：'（一）教育党员用马克思列宁主义的方法去作政治形势的分析和阶级势力的估量，以代替主观主义的分析和估量。'（二）使党员注意社会经济的调查和研究，由此来决定斗争的策略和工作的方法，使同志们知道离开了实际情况的调查，就要堕入空想和盲动的深坑"[①]。这表明，毛泽东已经开始运用马克思主义理论的方法分析、解决中国革命的实际问题，其批判主观主义、重视调查研究的学风文风已开始创立并不断发展。

3. 毛泽东学风文风的形成和发展期

20 世纪 20 年代末 30 年代初，中国共产党经历了南昌起义、秋收起义创建革命根据地以及第五次反"围剿"的失败等一系列重大历史

---

① 《毛泽东选集》第 1 卷，人民出版社 1991 年版，第 92 页。

事件，毛泽东清醒地意识到党内教条主义倾向盛行必将严重危害党的建设并危及中国革命前途，他在这期间撰写了一系列反对照搬抄袭马列主义和苏联经验的教条主义倾向的文章。1930 年 5 月，毛泽东在其撰写的《反对本本主义》一文中，在马克思主义发展史上第一次提出了"思想路线"这个概念，并把对待马克思主义的态度同党的思想路线相联系。毛泽东旗帜鲜明地反对"本本主义"，他指出"马克思主义的'本本'是要学习的，但是必须同我国的实际情况相结合"[①]。他尖锐地批判道：要对那些只唯书、只唯上、不唯实，闭着眼睛瞎说，而又惯于发号施令的人大声喝道："要不得！要不得！注重调查！反对瞎说！"[②] 1937 年，毛泽东撰写了《实践论》《矛盾论》两篇论著，他紧紧抓住马克思主义的实践性这一根本特征，指出："马克思列宁主义并没有结束真理，而是在实践中不断地开辟认识真理的道路。"[③]他还强调"中国革命斗争的胜利要靠中国同志了解中国情况"[④]，"没有调查，没有发言权"。这一时期，毛泽东初步论述了马克思主义学风的基本内容，阐明了学风问题所包含的实质性含义，指出"理论联系实际"是坚持马克思主义学风的根本方法，标志着毛泽东学风文风思想的形成。

4. 毛泽东学风文风的成熟期

抗日战争时期，毛泽东以马克思主义为指导，积极推进马克思主义文化理论与中国革命斗争实际相结合，他在这一时期撰写了一系列重要的学风文风理论著作，这是毛泽东学风文风理论建设与实践创作最丰富、最活跃的时期。

1938 年 10 月，毛泽东在党的六届六中全会上专门讲了"学习"问题，他积极号召广大党员干部，"来一个全党的学习竞赛，看谁学的更多一点，更好一点"[⑤]，"使马克思主义在中国具体化，使之在其

---

① 《毛泽东选集》第 1 卷，人民出版社 1991 年版，第 111—112 页。
② 同上书，第 109 页。
③ 同上书，第 296 页。
④ 同上书，第 115 页。
⑤ 《毛泽东选集》第 2 卷，人民出版社 1991 年版，第 533 页。

每一表现中带着必须有的中国的特性，即是说，按照中国的特点去应用它，成为全党亟待了解并亟须解决的问题"①。"分清创造性的马克思主义和教条式的马克思主义。"② 毛泽东以此方式来促进全党学习马克思主义，教育全党以科学的态度对待马克思主义。毛泽东领导了延安整风这一全党马克思主义学习教育运动的伟大实践。1941年5月19日，毛泽东在延安干部会议上作了《改造我们的学习》的报告，他指出"我主张将我们全党的学习方法和学习制度改造一下"③、"学风问题就是一个非常重要的问题，就是第一个重要的问题"④。1942年2月1日、8日，毛泽东又在中央党校开学典礼和延安干部会议上作了《整顿党的作风》和《反对党八股》的讲演。延安整风以全党的马克思主义理论学习运动为契机，以革新学风文风为切入点，牢固树立了马克思主义的学风及其文风，为确立毛泽东思想为全党的指导思想，夺取中国革命的最终胜利，奠定了思想理论基础。

这一时期毛泽东论及学风文风的论著还有《中国共产党在民族战争中的地位》《在延安文艺座谈会上的讲话》等，这些论著系统论述了中国共产党的学风文风理论，标志着毛泽东学风文风思想的成熟。

5. 毛泽东学风文风的曲折发展期

从1949年新中国建立后，特别是1956年社会主义"三大改造"基本完成后，我国进入了社会主义建设时期。毛泽东领导全党和全国人民，就如何找到一条符合中国国情的社会主义建设道路进行了艰辛的探索。毛泽东坚持马克思主义学风，坚持实事求是、理论联系实际，在组织大量社会、经济调查研究的基础上，集中全党智慧，撰写出《论十大关系》《关于正确处理人民内部矛盾的问题》等论著，对社会主义社会基本矛盾、社会主义社会的规律进行了阐述和探讨，明确了建设社会主义的根本思想是必须根据本国国情走自己的道路，毛泽东提出的建设社会主义的思想、原则、方针和方法，丰富和发展了马克

---

① 《毛泽东选集》第2卷，人民出版社1991年版，第534页。

② 同上书，第373页。

③ 《毛泽东选集》第3卷，人民出版社1991年版，第795页。

④ 同上书，第813页。

思主义。

但是，从 1957 年夏开始，由于党在社会主义建设方面缺乏实践经验，毛泽东在发动"大跃进"和人民公社化运动方面出现不少失误。毛泽东及时察觉并采取措施纠正这一偏差。1958 年底，毛泽东号召各级干部研读《苏联社会主义经济问题》和《马恩列斯论共产主义社会》，对急于过渡到共产主义的思想和行动进行了纠正和调整。1961年，毛泽东号召全党大兴调查之风，他强调各级党委"都要坚决走群众路线，一切问题都要和群众商量，然后共同决定，作为政策贯彻执行。各级党委，不许不作调查研究工作，绝对禁止党委少数人不作调查，不同群众商量，关在房子里，作出害死人的主观主义的所谓政策"①。

尽管毛泽东在思想上和理论上一直坚持反对主观主义，但历史的发展总是充满了曲折和坎坷。毛泽东晚年在行动中一度背离了他一贯倡导的一切从实际出发、理论联系实际的马克思主义学风，其在经济领域的"左"倾错误不仅未能彻底纠正，而且扩展到政治思想和文化领域，以致发生了持续十年之久的"文化大革命"，使马克思主义优良学风文风遭到破坏，给党、国家和人民造成严重的损失。②

《诗序》曰："治世之音安以乐，其政和；乱世之音怨以怒，其政乖；亡国之音哀以思，其民困。"在两千多年前，古人就将文风与国运联系在一起，认为文风事关国运的兴衰、政教的得失、社会风气的好坏。这说明从古至今文风问题以及文风所折射出的学风，绝不是无关紧要的问题，而是一直被视为关系到国家兴旺发达的根本问题。纵观中国共产党 90 多年的发展历史，我们可以看到：学风正，则事业兴旺，党无往而不胜；学风不正，则事业遭受损害，党就必然受到重大挫折。党在长期发展过程中取得的经验和教训一再证明：学风（及文风）问题的确是一个关系党和国家生死存亡的重大政治问题，必须高

---

① 中共中央文献研究室：《建国以来重要文献选编》第 14 册，中央文献出版社 1997 年版，第 332 页。

② 参见罗凤琳《论毛泽东学风建设理论及其当代价值——纪念毛泽东诞辰 110 周年》，《理论导刊》2004 年 1 月。

度重视。

　　我们引以为骄傲的是，以毛泽东为代表的中国共产党人在中国革命建设过程中所形成的伟大的学风文风建设思想，不仅胜利地指导了新中国的革命事业，也指导着社会主义持续的伟大建设事业，这是中华民族共同的精神财富，这笔精神遗产至今仍然具有无比的价值和创新潜力。当前，面对新的世情、国情、党情，党和人民必须继续发扬毛泽东学风文风思想，进一步弘扬党的实事求是、理论联系实际的优良学风，切实倡导准确、鲜明、生动的优良文风，不断地推动新时期党的先进性建设，领导全国各族人民发展繁荣社会主义先进文化，早日实现 13 亿人民共同期待的"中国梦"。

二

毛泽东学风文风的形成条件

（一）近代社会变革的时代背景与
知识分子的社会责任感

近代民族危机的加深与社会变革。毛泽东出生的旧中国，正是国势衰微、内忧外患、民不聊生的时代。自 1840 年鸦片战争开始，帝国主义列强以坚船利炮的武装侵略，从沿海到内地、从边疆到内陆，逐渐掀起了瓜分中国的狂潮。昔日闭关锁国的封建帝国千疮百孔，封建经济衰微，国势已经江河日下，无力捍卫自身利益，民族危机日益加深。这一时期，国家瘫痪，军阀混战，中华民族深陷内忧外患的动乱之中。从 19 世纪末到 20 世纪初，一出出悲壮的历史事件深刻地影响了中国的发展进程：甲午中日战争曾经的老大帝国被昔日扶桑小国打败，颜面丧尽；1898 年资产阶级维新派推出的"百日维新"运动在昙花一现中宣告失败；1900 年"八国联军"进犯北京，野蛮火烧圆明园，逼迫清政府签订丧权辱国条约，爱国正义的义和团运动被中外反动势力联合镇压；1911 年"辛亥革命"建立资产阶级民主共和国的憧憬被袁世凯、张勋相继复辟帝制的倒行逆施所扼杀……总之，这一时期，中华民族面临着前所未有的亡国灭种的危机，改良政治、反抗封建专制和抵抗外国帝国主义势力的侵略，构成当时社会政治生活的主流。

在近代的湖南，随着帝国主义的侵略从沿海深入内地，从军事侵略到经济、政治的渗透，湖南人民的危机感日益加深。在1894年甲午战争中，代表清廷军队参战的湘军在辽东大败于日本，引起湖南全省的恐慌。1895年签订的《马关条约》迫使中国经济进一步开放，帝国主义经济侵略逐渐深入内陆。到1899年底，岳阳正式开埠，帝国主义由此打开了湖南门户。岳阳开埠以后，外轮得以进入洞庭湖水系的内河，至此"湖南航路，多被外洋侵占"，进一步方便了列强倾销商品和掠夺原料。1904年（光绪三十年）7月长沙正式开埠，帝国主义依据"利益均沾"的约定，蜂拥而来。粤汉铁路湖南段的筑路权被美国等西方列强背着中国私相授受，直接触犯中国主权。帝国主义凭借修筑铁路以划分势力范围，进而实现其肢解中国的图谋。中国大地以及湖南省内所面临的严峻形势，使湖南人民的忧患意识日益增加。在这种深刻的危机之中，中国传统社会正在孕育着深刻的转型：从封闭锁国转为逐渐对外开放；从独立自主的封建主义国家，变为形式上保持着独立但在政治、经济、文化等方面均受帝国主义控制的半殖民地；从一个自给自足的自然经济社会变为日益仰仗于人的畸形的商品经济社会；从一切"古已有之"的无求于人的观念，变为"礼失而求诸野"而被迫"师夷长技"；从被封建主义制约下的社会经济生活变为卷入世界资本主义的洪流等。总之，中国几千年停滞不前的封建社会，在经济基础、阶级结构到上层建筑乃至意识形态，都不同程度地发生了质的变化。

近代知识分子治学传统的转型。在外敌入侵的隆隆舰炮声之中，在封建王朝"忽喇喇如大厦倾"的严酷现实面前，中国的知识分子是最早觉醒的社会群体。天下兴亡，匹夫有责。国家的危难迫使知识分子从皓首穷经的学术牢笼里和个人远离世俗的书斋里走出来，寻求救国良方。从林则徐、龚自珍、魏源开始，一些传统的文人士大夫"诵史鉴，考掌故，慷慨论天下事"，他们"开眼看世界"，分析时局和世界形势，在他们眼里，传统的"华夷之辨"已经难以解释和应对国家面临的危局，他们敏锐地意识到，随着西方列强的入侵，国家已进入"二千年未有之变局"的转折关头。在他们的文章里，"大忧"、"大患"、"忧患"等字眼频频出现，焦虑之心跃然纸上。

在这个剧变中，先进的知识分子异常清醒地认识到清王朝已历史地进入它的"衰世"，看到了它内在的矛盾和危机。面对现实，他们走出自清代以来乾嘉学派穷于考据辨析、耽于方寸案牍的为了学术而学术，转向关心国家命运和民族前途的求知求学、救亡图存活动，积极提倡"经邦济世"之学，甚至为了国家利益不顾个人祸福安危和身家性命。林则徐虎门销烟，留下了"苟利国家生死以，岂因祸福避趋之"的千古绝唱；魏源编撰《海国图志》，提出了"师夷长技以制夷"的应对之策；郑观应撰写《盛世危言》，"首为商战鼓与呼"，提倡实业救国；严复翻译《天演论》，提出"物竞天择，适者生存"，警示中华民族面临亡国灭种的危险；谭嗣同面对屠刀，让人看到的是"我自横刀向天笑，去留肝胆两昆仑"的悲壮形象；邹容的《革命军》，陈天华《猛回头》《警世钟》，大声疾呼，振聋发聩。

与此同时，知识分子的价值观念也在发生变化。从封建制度、伦理道德、"三纲五常"最完美无缺的观念，逐渐认识到西方资产阶级国家和社会制度的先进性，他们的治学取向，也从研习被知识分子视为进身之阶的八股时文，转向学习原先被士大夫不屑一顾的科学、技艺、商科。"经世致用"的主张，得到了先进知识分子的大力提倡，在这种思想的指导下，他们勾画出近代中国一个个不同的救国方案，从洋务运动倡导的军事救国、科技救国、实业救国，到百日维新鼓吹的资产阶级君主立宪，从辛亥革命到孙中山创立的新"三民主义"，从《新青年》的创办和新文化思潮崛起，到五四运动爆发及随之而来的马列主义思想的传播，最后找到适合中国国情的马克思主义真理和新民主主义的革命道路。可以说，忧患意识是近代先进知识分子集体的精神风貌，正是他们具备了这种深沉的忧患意识，他们才能听到民族的呻吟和怒吼，才能为民族前途命运进行前赴后继的探索。

　　毛泽东作为近现代先进知识分子的杰出代表，他的思想产生和学习实践活动，离不开时代背景和时代需求。从毛泽东降生之日起，祖国便是满目疮痍，山河破碎，生灵涂炭。顾炎武曰"天下兴亡，匹夫有责"，这个时代需要一批民族精英率领民众拯救中华民族于危亡。纵观近现代史，可以发现两大特征，一是随着近代思想启蒙运动的开展，救亡图存，富国强兵成为当时的时代主题和社会共识。在近现代知识分子的身上，鲜明地体现一种积极入世而不是消极避世的力量，一种在严酷的现实中不甘屈服而坚持抗争，不甘沉寂而奋发图强，不甘沉沦而积极进取的感人力量。要拯救国家于危亡，扶大厦于将倾，就要勇于面对现实、思考现实，才能改变现实。大批知识分子的治学方向从封建学术的穷于考据，规避现实，工于只言片语的细枝末节中走了出来，转而重视现实，他们中大部分人的治学活动围绕认识现实，回答和解决现实重大问题而展开。二是反映在他们的治学价值观上，囿于形式主义的科举八股文衰微，经世致用之学得到普遍认同，实用的学风文风得到大力倡导。反对空谈义理，倡导实学，这一当时先进知识分子人生追求的价值取向，深刻地影响了他们的社会实践活动，包括学习读书活动，他们把对国家和民族命运的责任意识凝练成文字章句，体现出颇具时代性的学风文风。这其中，毛泽东就是最杰出的代表人物。

（二）　湖湘地域文化对毛泽东学风文风形成的影响

　　湖湘文化概况。"湖南大国也，南阻五岭，北极洞庭，三湘七泽，惟楚有材。"[①] 湖湘文化作为中国的一种地域文化，以其鲜明的"湖湘气质"和"敢为人先，心怀天下"的核心精神，对中国近代社会产生巨大影响。湖湘地域的人文精神，是毛泽东学风文风形成的重要条件。

---

　　① 《毛泽东早期文稿》，湖南人民出版社 2008 年版，第 440 页。

　　鸦片战争以来，湖湘人才蔚起，成为我国思想文化最为活跃的地区之一，在近代政治变革中多次发挥了先导作用。近代以来，"湘省；士风，云兴雷奋，咸、同以还，人才辈出，为各省所难能，古来所未有。""自是以来，薪尽火传，绵延不绝。近岁革新运动，湘人靡役不从，舍身殉国，前仆后继，固由山国之人气质刚劲，实亦学风所播，志士朋兴。夫支持国势原不限于一地之人，然人才所集，大势所趋，亦未始无偏重之处。"①

　　湖湘文化的渊源有两个，一是唐宋以前的本土文化。远古的湖南是一片未经开发的荒蛮之地。《左传》中记载"昔我先王熊绎，辟在荆山，跋涉山川"，叙述的是春秋战国时期，楚王熊绎带领臣民备尝艰苦、开疆拓土的历史，形成了楚人"重理尚武、英勇顽强"的性格特征。加之湖南地域多山，土著原为"三苗"部落，系现代苗、侗、土家等民族的祖先。少数民族在其生存发展过程中，形成了不怕艰苦、顽强坚毅、好勇尚气的特点，成为近现代湖湘人士"霸蛮""坚韧"的文化基因。二是由中原南下而来的正统儒学传统，经过各个朝代官方的提倡以及民间私学的兴盛而得到弘扬和巩固，这构成湖湘文化的主体。值得一提的是，在中原文化向南方渗透的过程中，在湖南形成了一种独特的"贬谪文化"——湖南因地处偏远，古时多为官员贬迁之地，尤以唐宋为盛。历史上，屈原、贾谊、李白、柳宗元、杜甫、刘禹锡、韩愈均被贬谪或暂居湖南，留下了许多脍炙人口的篇章，造成湖湘文化史上所谓"诗人之不幸，成为湖南江山之大幸"的独特现象，贬谪文化为湖湘文化增添了瑰丽的光环，尤其是对湖南文学的发展和湖湘文风的形成产生了深远的影响。②

　　"湖湘学派"一词最早见于南宋大理学家朱熹。在唐宋时期，湖南兴起以书院讲学的文化教育，其主要内容是宣讲"说理辩道，存理

---

　　① 杨昌济：《杨昌济文集》，湖南教育出版社1983年版，第351页。
　　② 刘凡之：《湖湘文化的起源、传承及影响》，《常德日报》2011年7月30日A02版。

去欲"的个人性理修身之道。自宋代学者胡安国、胡宏父子开创湖湘学派，从理学家朱熹在岳麓设书院始，又经宋代周敦颐、张栻等湖南文化先贤勤奋笔耕，著书立说，逐渐形成了湖湘之文化与学术传统：性理之学与经世之用相结合，确立了"为天地立心，为生民立命，为往圣继绝学，为万世开太平"的治学宗旨。至明末清初，王夫之以其丰富的著述和独到的思想，使湖湘文化经世传统得以进一步发扬光大，成为湖湘文化重要的中继者。清代中后期陶澍、曾国藩、左宗棠、胡林翼、郭嵩焘等中兴名儒的崛起，使湖湘文化发展到一个新的高峰，并深刻地影响和推动了近现代湖湘人才群体的崛起。与其他地域文化相比，湖湘文化的独特之处在于，虽然湖湘文化的特征是以正统的孔孟之道为目标，湖湘学派奉孔孟等儒家典籍为圭臬，对儒家强调的人格完善、心性修养孜孜以求，而在湖湘学人身上，则会感觉到源自荆楚山民的那股刚烈、倔劲的个性。这两种文化基因组合相互渗透，造就了湖湘文化在学术思想和学习践行上，总是透露出湘人那种刚劲、务实、敢为人先的实学风格和充满血性的拼搏精神。而这种性格特质，又受到儒家道德精神的锤炼和温润，故而表现出一种人格的魅力和精神的升华。因此，湖湘文化中彪悍倔强、经世致用的地域特征与儒学传统结合，最终形成了湖湘文化"敦朴重义、厚物载道，经世致用、敢为人先"①的鲜明特征。

湖湘文化的经世传统与毛泽东学风文风的渊源。湖湘文化中最为核心的"经世致用"理念，造就了湖湘文化中政治意识极为强烈的现象。湖湘学人在这种"身无半亩、心忧天下，经世致用、敢为人先"的文化品格的感召下，通过个人身心的锤炼和外在事功的结合，致力于国家和民族的独立和发展事业。于是，在中国近现代史上，湖湘人才出现了群星灿烂、英才迭出的局面，而催化这些时代英杰的重要因素就是湖湘文化自唐宋代创立以来一贯强调的"学以致用"的优良学风。

---

① 刘凡之：《湖湘文化的起源、传承及影响》，《常德日报》2011 年 7 月 30 日A02 版。

"学以致用"不是凭空喊出来的，而是古代学者从历史的惨痛教训中总结出来的，学以致用的背后写满了血泪的教训。在中国古代历史上，魏晋玄谈之风盛行，中原汉族疏于防范，导致五胡乱华，晋室被迫南迁，西晋灭亡。在封建社会中后期的宋朝、明朝，空谈理学，四书五经束缚了学术创新，八股文钳制住了人们的头脑，士大夫耽于空头学问，疏于政事，待到北方游牧民族南下侵入中原，几乎难以抵抗。虽然也涌现出某些文武兼备的历史人物如岳飞、文天祥、辛弃疾等，然而面对整个统治集团的懦弱无能，腐朽不堪，仅凭一己之力，也是心有余而力不足。中国历史一遍又一遍演绎着一个无情的定律：凡是学问越做越虚、越做越玄，远离现实的政治、经济、文化需要的时候，离民族危亡的危险期也就不远了。所以，宋、明王朝灭亡的惨痛教训给汉族知识分子以巨大的刺激。明末清初，满怀亡国之恨的汉族知识分子痛批空头学问之流弊，提倡学以致用，知行统一。其中，明清之际三大儒——王船山、黄宗羲、顾炎武就是典型代表，他们既是大学问家，同时又都习兵尚武，身体力行，这种崇尚实学的学风尤其在湖南扎下了根。

王船山思想是湖湘文化的旗帜。王船山即王夫之，湖南衡阳人，生于明万历至清康熙年间，曾举兵衡山阻击清军南下，后隐居于湘南西部的山区，终老于衡阳石船山，世称船山先生。王夫之年少时睿智好学，博闻强记，关心江山社稷。青年时，投身于南明王朝抗清，力图振兴国家，但因朝廷腐败，武力废弛，终未能遂愿。晚年虽困厄深山，但仍气节昂然，不与清廷合作，他发愤著书四十余载，涉及经史子集，所著述甚为宏富，义理深奥，成为中国古代唯物主义哲学发展的高峰。尤其是他痛感明朝灭亡的教训，撰写了《读通鉴论》《宋论》等史论专著，总结历朝政治经验，分析深刻，见解独到，留下宝贵遗产。

船山之学以自然唯物论为基础，以爱国主义为基调，以倡导实学为特色。船山曾深切反思明朝灭亡的教训，痛批当时占主流的陆王之学的空疏和不切实用，认为空头学问是导致误国丧国的缘由。近代湘籍学者杨昌济教授曾指出："船山一生卓绝之处，在于主张民族主义，以汉族之受制于外来民族为深耻极痛。此是船山之大节，吾辈所当知也。"① 船山借用中国传统哲学中"道"与"器"的关系范畴，对理论与实际的关系作了颇具说服力的阐述，指出"据器则道存，离器则道毁"，强调"用"之于"体"的重要性，"用"是"体"的具体落实。作为一代学术宗师，船山这一论断深刻地反映了湖湘文化的治学精神。其精求义理又注重经世致用的学风，对后世湖湘学派的发展及湖湘人才群体的崛起作出了巨大的贡献。

在船山之后，经世致用之学得以进一步弘扬，特别是清代中期以后，湖南人才异军突起，代代相接，蔚为大观。嘉庆道光时期，出现了以陶澍、魏源等为代表的地主阶级经世派，在近代史上首次提出"师夷之长技以制夷"，主张通过学习外国先进文化和技术来实现富国强兵，随后，在同治年间，以曾国藩、胡林翼、左宗棠等中兴大臣为代表，组建湘军，开办"洋务运动"，将"经世致用，富国强兵"的主张从思想理念付诸实践；至清末民初，以谭嗣同、熊希龄等人为代表，提出资产阶级政治纲领，倡导维新变革，发动"维新变法"运动，对几千年的封建帝制形成巨大冲击；到了辛亥革命时期，以黄兴、蔡锷等为代表，发动武装起义，领导资产阶级民主革命，谋求从根本上"推翻帝制，建立共和"，给予封建制度最后一击。客观地说，自鸦片战争以来到五四运动之前，湖湘人才创造的历史功绩，鼓舞和推动了湖湘后继者继续弘扬湖湘学派务实的治学精神，为开创更伟大的历史进程积蓄了历史能量。

毛泽东自幼生长于湖南湘潭，这里正是湖湘学派开创人胡安国避难讲学之地。据历史记载，胡安国，字康侯，号青山，谥号胡文定公，南宋时期的著名经学家和湖湘学派的创始人之一。早年拜程颢、程颐弟子杨时为师，研究性命之学。入太学时，又从程颐之友朱长文、靳裁之，得程学真传。北宋末年，黄河流域战争频频，中原士人纷纷南下，胡安国也于南宋建炎（1127—1130）年间，抵湘潭，至碧泉定居，"前后居潭三十余载"。他潜心续撰《春秋传》，又建碧泉书院，

---

① 杨昌济：《达化斋日记》，岳麓书社1996年版，第47页。

著书讲学，从游弟子数十人，学风遂开。光绪年间《湘潭县志》上记载"道学开自周敦颐，乡邦无传其学者，至安国及子寅，宏来发明之，湖湘之学比于关洛"。可见，胡安国在湘潭的学术活动，对本地乃至湖南的人文教化和道德风尚具有深远影响。湘潭作为湖湘学者活跃的中心区域之一，数百年来书院教育发达，本乡学风浓郁，亦对青少年的毛泽东产生了潜移默化的影响。离开了家乡湘潭，毛泽东后来又来到湖湘学术中心长沙的湖南第一师范求学，直接接受过众多湖湘学者的教育、指导、帮助。毛泽东早期接受湖湘文化的影响、熏陶对于他一生的理想抱负和精神气质的形成尤为重要。在中国化马克思主义理论建设中，毛泽东不仅是首倡"理论和实际相结合"的人，而且也是论述这一学习范畴最全面、终生身体力行、坚持不懈的人。这种认知及行动与其青年时期乃至终生对船山经世致用哲学浓厚的兴趣，与他对船山哲学的推崇、学习、消化吸收不无关系。同时，他善于将古今中外的理论有机结合起来，在继承中国传统哲学的基础上，坚持以马克思主义世界观和方法论作为指导。他在《矛盾论》中说："我们承认总的历史发展中是物质的东西决定精神的东西，是社会的存在决定社会的意识；但是同时又承认而且必须承认精神的东西的反作用，社会意识对于社会存在的反作用，上层建筑对于经济基础的反作用。这不是违反唯物论，正是避免了机械唯物论，坚持了辩证唯物论。"[①] 理论属于精神范畴、意识范畴，实际属于物质范畴、存在范畴，理论和实际相结合的过程实际是精神反作用于物质，意识反作用于存在的过程。如此循环往复，在一定条件下，物质能转变为精神，精神亦能转变为物质。这样，毛泽东就将湖湘文化中以王船山思想为代表的中国古代朴素唯物主义思想发扬光大并积极践行之，以实事求是、理论联系实际的优秀理论品质，指导中国革命和建设的具体实践，最终取得了中国革命一个又一个的辉煌胜利。

---

① 《毛泽东选集》第 1 卷，人民出版社 1991 年版，第 326 页。

（三）青年毛泽东改造社会的理想与实践

　　毛泽东少年时代的读书学习与远大理想。湖南省位于中国中南部，山川秀美，钟灵毓秀，自古因广植木芙蓉而有"芙蓉国"之称。在湖南省中部的湘潭、湘乡、宁乡三县交汇处，有一座巍巍韶峰。传说中舜帝南巡，见这里山川秀美，遂奏九天韶乐，引凤来仪，百鸟和鸣，韶峰由此得名。毛泽东于1893年12月26日出生于湘潭县韶峰东麓韶山冲上屋场的一户普通农家里。毛泽东的父亲毛贻昌（1870—1920），字顺生，号良弼。他为人精明能干，读过私塾，早年因负债被迫在湘军里当了几年兵，得到不少历练，也有了一些积蓄。从湘军还乡后，毛贻昌买田置地，始有家产，他和家人终年辛勤劳作，自耕十几亩田地，年收入稻谷数十担。他还将每年省吃俭用节余下来的一些谷子加工成米出售，还兼贩耕牛、猪，由此家道渐渐兴旺，田产逐渐增多。之后，毛家雇了一名长工干农活，农忙时雇佣零工，同时还让妻儿到地里干活。后来，毛泽东回忆起他的家庭情况时说："我家达到'富农'的状态。"①

　　毛泽东从小天资聪颖，上学之前一直在湘乡县唐家坨的外婆家寄养。由于未到上学的年龄，就在八舅文正莹开设的蒙馆里陪读。当时只有两三岁的稚童竟然能安静坐下来听八舅讲课，跟着学子们一起念书。他耳濡目染，久而久之，居然把《三字经》《百家姓》等启蒙读物背诵下来。从1902年春开始，年仅8岁的毛泽东开始了他的正式读书生涯，他最早在家乡韶山的几所私塾里念书。他最初接触到的是被编定为蒙童课本的中国传统史学普及读物，他在井湾里私塾开始读到《左传》，在乌龟井和东茅塘私塾又在塾师毛岱钟、毛麓钟指导下阅读了《史记》《通鉴类纂》等著作。那时的毛泽东也在课堂上偷偷地阅

①　［美］斯诺录：《毛泽东自传》，汪衡译，解放军文艺出版社2001年版，第3页。

读《水浒传》《西游记》《三国演义》这些"杂书"，书中的故事常常引起他深深的思考。像《水浒传》里描写的梁山造反的人物，是少年毛泽东心目中的大英雄，而且这种影响是意味深长的，在以后的岁月里，《水浒传》是一直陪伴毛泽东的书籍之一。

1910年秋天，年仅17岁的毛泽东，离开韶山冲，前往数十里以外的湘乡县东山高等小学堂读书。在这座新式学堂里，毛泽东关注时局，关注世界，爱国主义情感得到了升华。他在读了《世界英雄豪杰传》之后，特别佩服华盛顿，曾对同学说："中国也要有这样的人物。我们应该讲求富国强兵之道，才不致蹈安南、朝鲜、印度的覆辙。你知道中国有句古语：'前车之覆，后车之鉴。'而且我们每个国民都应该努力，顾炎武说得好：'天下兴亡，匹夫有责。'中国积弱不振，要使它富强、独立起来，要有很长的时间，但是时间长不要紧。你看，华盛顿经过8年战争之后，才能得胜利，建立了美国，我们也要准备长期奋斗不息！"为此，毛泽东给自己取名为子任，寓意"以天下为己任"，这也表明了他对祖国危难忧心如焚，希望实现民族独立和国家富强的拳拳爱国之心。

1914年，毛泽东进入"一师"学习后，学业与见识大增。他开列77种典籍，从先秦诸子论文、散文到明清思想家的专著，从二十四史到司马光的《资治通鉴》，从《昭明文选》到《韩昌黎全集》，从顾祖禹的《读史方舆纪要》到本省的县志，他都认真地研读。他认为"苟有志于学问，此实为必读而不可缺"。这一时期，毛泽东以强烈的求知欲广泛汲取知识的营养，他既博览群书，又有所专攻，偏爱文史，尤其是打下深厚的古文功底和史学功底，为日后形成经世致用的优良学风奠定了基础，也展露出他那大气磅礴、挥洒自如的独特文风之端倪。

尤其可贵的是，少年毛泽东在维新思潮的浸润下，不仅初步萌生了革新祖国面貌的爱国意愿，而且认识到要改变国家积贫积弱的现状，必须付诸行动。他曾回忆道："这个时期，我也开始了一定的政治觉悟。特别是读了一本关于瓜分中国的小册子以后。我现在还记得这本小册子的开头一句：'呜呼！中国其将亡矣！'这本书谈到日本占领朝鲜、台湾的经过，谈到了越南、缅甸等地宗主权的丧失。我读了以后，对国家的前途感到沮丧，开始意识到，国家兴亡，匹夫有责。"要真正担负起救国救民的重任，需要知识和本事，于是毛泽东决心要到远方去求学。是君主立宪，还是地方自治？是教育救国，还是哲学救国？毛泽东开始思索，反复比较，不断尝试，但最终发现这些救国救民的"药方"都难以实施。1911年辛亥革命爆发后不久，年仅18岁的毛泽东怀着满腔的热血投笔从戎，毅然参加了湖南新军，探索改造社会的新方法。但是，真正使毛泽东摆脱困惑和迷惘，探索到救国救民的真理，则是五四运动以后，当毛泽东涉猎了许多有关马列主义的著作，并且在李大钊、陈独秀等人的直接影响下，确立了马克思主义的世界观和方法论，才最终成为一个坚定的马克思主义者。①

青年毛泽东的社会实践与其学风文风的形成。辛亥革命失败后，毛泽东又开始了新的求索。1912年秋，毛泽东有感于湖南全省高等中学所学课程太肤浅，内容太陈旧，校规又太繁琐，不能达到自己求学的目的。毛泽东来到长沙市省立湖南图书馆，度过了"极有价值"的半年自学生活。这期间他按照自己的计划阅读了大量的书籍，他自己形容说，在省立图书馆，他就"像牛闯进了菜园子"。在这里，毛泽东读了许多反映19世纪西方资产阶级民主主义思想的书籍，包括亚当·斯密的《原富》、孟德斯鸠的《法意》、卢梭的《社会契约论》、穆勒的《名学》、斯宾塞的《逻辑》等宣传资产阶级民主革命思想的著作，研读了以进化论为核心的近代自然科学方面的书，如严复翻译的赫胥黎的《天演论》等。此外，毛泽东还涉猎了世界历史地理的书和古希腊罗马的文艺作品。在这里，他不仅获得了许多新知识、新方法，也得到了智慧的启迪，进一步明确了个人奋斗的目标。在湖南省立图书馆大厅的墙上，挂着一幅《世界坤舆大地图》。这是毛泽东第一次看到的世界地图。正是这幅世界地图启示了毛泽东，他感到自己负有神圣的历史使命，"要为全中国痛苦的人，全世界痛苦的人贡献自己全部的力量"。通过革命，改变这个世界，使一切痛苦的人，都变成

——————————

①　引自郭金平、张平主编《跟毛泽东学方法》，红旗出版社2003年版。

幸福的人！毛泽东的主动退学以及以自修为主的读书生活，反映了毛泽东读书学习不是为了文凭和镀金，而是为了立足个人实际以及国家、民族的利益，获得真知、真能。毛泽东认为退学自修，更有助于按照他的志向来进行学习。在毛泽东看来，上学与自修，哪个更能帮助他学到实现大志所需的真才实学，他就选择哪个，这充分体现了他求真务实的学风思想。

　　除了自修学习以外，同样贯彻着毛泽东学风思想的还体现在出国留学的这一事例上。五四运动前后，一部分觉醒的中国人渴求西方先进文化知识，为了学习西方，选择赴日本、欧洲留学或勤工俭学的青年不在少数。在这些青年中，有留学日本的鲁迅、郭沫若、陈天华等，有在西欧各国以及俄罗斯学习的周恩来、邓小平等，而作为同时代人的杰出代表，渴求知识的毛泽东最终没有赴日，也没有赴法、德、俄留学，而是选择留在了国内，似乎让人感到费解。其实，毛泽东没有选择出国留学，不是因为不具备客观条件，而恰恰是反映了他立足中国实际的主观愿望。在毛泽东早年的留学计划中，从赴日到赴法，又从赴法到赴俄，他的思想总是在随着形势的发展不断转变；毛泽东虽然有过强烈的出国留学的想法，并且积极为学子筹集出国留学的经费，但是他却在登上出国轮船的最后一刻，毅然放弃了留学的计划。留学之所以未能成行，从根本上讲，毛泽东并不认为在西方能找到解决他个人以至整个中国前途问题的关键。相反，他认为，留在国内能够更好地满足其了解中国社会现实、分析中国问题，进而实现改造中国的目的。毛泽东这样说："我们求学不是没有目的的，我们的目的在改造社会，我们的求学是求实现这个目的的学问。"因此，毛泽东对不出国留学的抉择，更能体现出他崇高的学习目的。

　　因此，毛泽东就比同时代那些留学的知识分子多了另外一笔宝贵的财富——对中国国情的深入了解。当毛泽东成为一个马克思主义者的初期，他所读的马列著作与其他党的早期领导人相比，如瞿秋白、王明、蔡和森、恽代英、邓中夏、博古等人相比是要少一些，但是由于他深入了解中国国情，能把马克思主义的基本原理与中国实际结合起来，把"有字之书"与"无字之书"结合起来，因而在革命实践的见解上又远远超越其他领导人。管中窥豹，可见一斑。青年毛泽东在出国留学问题上的抉择，充分显示了他在"为何学"的问题上完全拥有自己的主见，体现了以志向为导向，不随大流，不赶时髦，不慕虚名，求真务实，扎扎实实做好学问，深入了解中国实际，研究中国实际问题的优良学风。青年毛泽东既注重学习"有字之书"，更注重花力气研究社会这本"无字之书"。毛泽东一生倡导社会调查和实践，就是从其青年时代开始的。1917 年暑期，毛泽东邀请学友萧子升，各带一把雨伞、一个挎包，携带简单的随身衣物和文房四宝，外出"游学"。由于这种"游学"几乎没有盘缠，在湖南俗话中被称为"打秋风"，是指穷知识分子以作诗、写字换取糊口钱，近于乞丐。这次游学，毛泽东采取的就是这种方式。这次走了沅江等五个县的不少乡镇，行程共九百多里。途中，他们结交了船工、农民、财主、老翰林、县长、劝学所所长、寺庙方丈等各色人等，深切了解社会实际，并记录了很多笔记。1918 年春，他又与蔡和森沿洞庭湖畔，经湘阴、岳阳、平江、浏阳几县，游历了半个多月。这样的"游学"，毛泽东在校期间进行过多次，虽然艰辛，但是开阔了眼界，增长了知识，更重要的是了解中国底层社会和民间疾苦。毛泽东日后养成的调查研究作风，从这里已初见端倪。

　　除了社会调查，毛泽东还十分重视学校内部的实践活动和各种锻炼机会，积极参与各种社团组织。1917 年 10 月学友会改选时，他担任总务，还兼教育研究部部长，而从前这两个职务都是由教员担任的，可见毛泽东的才华和组织能力得到了大家的公认。毛泽东还在学友会主持开展了许多课余活动，如成绩展览会、讲演会、辩论会、运动会等，促进了社团组织的建设和学习氛围的提升。在当时各种社会思潮的激荡之下，青年毛泽东的思想非常活跃，前后经历了几个变化过程：起初，毛泽东在思想上推崇康有为、梁启超，主张社会政治改良，尤其是在文风上，受梁启超"新民体"的影响颇为明显；接着，随着国内局势的发展，他转向以孙中山为首的资产阶级革命派思想，推崇建立民主共和政体的资产阶级共和国方案；随着五四运动前后，共产主义在中国的迅速传播和推广，毛泽东的思想趋向成熟，以及在此期间对中国国情实际更加深入的了解，他最终选择了陈独秀、李大钊效法俄国的革命主张，倡导并实践布尔什维克的救国方案。

1918 年，由毛泽东发起的"新民学会"在长沙成立，宗旨是"革新学术，砥砺品行，改良人心风俗"。1919 年 7 月，毛泽东创办《湘江评论》，在其撰写的《民众的大联合》一文中，他大声疾呼："异军突起，更有中华长城渤海之间，发生了五四运动。旌旗南向，过黄河而到长江，黄浦汉皋，屡演活剧，洞庭闽水，更起高潮。天地为之昭苏，奸邪为之辟易。咳！我们知道了，我们觉醒了。"他认为，各国人民要想求得彻底解放，"唯有步俄国和匈牙利的后尘，实行社会主义大革命"，他看清了前进的方向和道路。1920 年 8 月，毛泽东、何叔衡等人成立了俄罗斯研究会，该会"以研究俄罗斯一切事情为宗旨"，在宣传马克思主义、培养共产党早期干部方面起了积极作用。毛泽东还组织了一个"马克思主义研究会"，研读《共产党宣言》《国家与革命》《社会主义史》等马克思主义经典著作，研究俄国革命、第三国际状况等国际局势和国际共产主义发展，并结合湖南的革命实际，时常开会进行各种研讨。随着时机的成熟，在这年秋天，长沙共产主义小组成立了，毛泽东成为一位坚定的马克思主义者。对此，1920 年夏天他曾说，"在理论上，而且在某种程度的行动上，我已成为一个马克思主义者了，而且从此我也认为自己是一个马克思主义者了"。①

总之，青年时期是毛泽东学风文风形成的关键时期。毛泽东青年时代的个人奋斗经历与求学方向，不仅具有本人的鲜明特色，而且深深地打上了时代烙印。毛泽东从小耳闻目睹社会的不公平与黑暗，立志改造这个黑暗的社会、埋葬旧中国一切不合理的制度。从学生时代起，毛泽东通过新式学校教育以及社会文化教育，接受了许多先进的社会科学和自然科学知识，有着比同时代人更强烈的爱国主义精神，更强烈的反封建专制和反帝国主义侵略和掠夺的革命思想。从现存的

---

① ［美］斯诺录：《毛泽东自传》，汪衡译，解放军文艺出版社 2001 年版，第 36 页。

许多资料可以看出，青年毛泽东从坚定的反封建专制、反帝国主义侵略和掠夺的政治思想立场出发，十分崇尚科学和民主，具有强烈的政治忧患意识。毛泽东自少年时期起便酷爱读书，尤喜哲学。但毛泽东从不为读书而读书，为哲学而哲学，他之读书，他之爱哲学，旨在追求真理，掌握正确的思想方法，探索拯救国家、复兴中华民族的道路。正是这种浸透着对历史、对时代、对民族、对国家高度的使命感和炽热的紧迫感，推动着毛泽东的步伐与时俱进，形成了毛泽东优良的学风文风。

（四）影响早期毛泽东学风文风的人物及思想

曾国藩读书治学对毛泽东学风文风的影响。曾国藩作为湖湘文化的重要代表人物，具有复杂性和多面性特点，历来褒贬不一。抛开其争议性的一面不论，就其在中国近代学术理论与政治实践方面而言，其成就是有目共睹的。曾国藩，字伯涵，号涤生，湖南湘乡人，他求学与从政都获得成功，被看作"中兴名臣"、"一代儒宗"。曾国藩在从政、治军、治家、教子、为学、为文等方面，都给后世留下了深远影响，当时被誉为"道德文章冠冕一代"，"立功"、"立德"、"立言"三不朽，这使他成为一个时代的精神偶像。

曾国藩生活的时代是清代嘉庆至同治年间，距离毛泽东出生的光绪年间为时不远。况且曾国藩是湘乡人，湘乡与毛泽东出生的湘潭县地域相连，也是毛泽东母亲的出生地。毛泽东从小住在外婆家，后又在湘乡求学，曾国藩在当地人中的影响自然不必说。况且，毛泽东在少年时代敬仰过的梁启超、谭嗣同等人对曾国藩的推崇必然会让他关注这位同乡先贤。而真正让曾国藩走进毛泽东思想深处的，还是在他进入师范学校学习之后。毛泽东进入湖南第一师范后，其国文课老师袁仲谦，以及与其关系密切的、后来成为其岳父的修身课老师杨昌济，这两位教员都非常推崇曾国藩。特别是杨昌济，无论治学乃至立身行事，处处以曾国藩作为自己的楷模。由于杨昌济非常看重并赏识毛泽东，所以他以自己终生推崇的曾国藩为榜样来勉励这位青年才俊。杨昌济曾经在《达化斋日记》中写道："毛生泽东，言其所居之地为湘潭与湘乡连界之地，仅隔一山，而两地之语言各异。其地在高山之中，聚族而居，人多务农，易于致富，富则往湘乡买田。风俗纯朴，烟赌甚稀。渠之父先亦务农，现业转贩；其弟亦务农，其外家为湘乡人，亦农家也，而资质俊秀若此，殊为难得。余因以农家多出异材，引曾涤生、梁任公之例以勉之。"① 在老师杨昌济的勉励和推荐下，他不但读了不少曾国藩的文章，就连见解、趣味也受曾国藩的影响。这反映在毛泽东当时的听课笔记本《讲堂录》中，在谈到《曾文正公家书》《曾文正公日记》等曾氏文章、事功时，字里行间流露出赞赏、钦佩之意。具体而言，曾国藩对毛泽东的影响包括两个方面：

首先，曾国藩追求经邦济世的治学理想、践行"内圣外王"的人格理想对青年毛泽东产生了重要影响。曾国藩一生戎马倥偬，在长期的从政从军过程中，不忘记自身的道德践履，成就了世人瞩目的功业和道德，究其原因，这与湘学中强烈的求实传统以及对儒家"内圣外王"的人格理想的追求是分不开的。在《讲堂录》里，毛泽东对曾国藩作出了这样的评价："有办事之人，有传教之人。前如诸葛武侯（诸葛亮）范希文（范仲淹），后如孔孟朱（熹）陆（九渊）王阳明等是也。宋韩范并称，清曾左并称，然韩左办事之人也，范曾办事而兼传教之人也。"② 青年时代的毛泽东认为，大凡历史上的杰出人物，大概可分为办事之人和传教之人，一般人各有侧重。所谓办事，就是积极入世，建立功业，取得事业的辉煌成就；所谓传教，是指重视精神锤炼和道德践履，严谨治学并宣传教化，泽被后人，取得人类精神领域的丰硕成果。而办事与传教兼备之人物，则是凤毛麟角，对这类"内圣外王"之人的评价显然要高于其他人。他认为，正如在宋代对范仲淹的评价要高过韩琦一样，在清代对曾国藩的评价要高过左宗棠；因为范和曾是"办事而兼传教之人"，其事功和文章思想都可以为后

---

① 《毛泽东早期文稿》，湖南出版社 1990 年版，第 636 页。

② 同上书，第 589 页。

世取法。①

青年毛泽东进一步认为，在这类杰出政治人物之中，那些兼具"办事"和"传教"的人，特别是有志于学问，致力于内在道德修炼和精神境界的人，才是真正有大本大源的人。毛泽东在写给黎锦熙的信中提到："天下亦大矣。社会之组织极复杂，而又有数千年之历史，民智污塞，开通为难。欲动天下者，当动天下之心，而不徒在显见之迹。动其心者，当具有大本大源。"② 那么，结合时代背景，怎样的人才是具有大本大源的呢？毛泽东在信中评论道："今之论人者，称袁世凯、孙文、康有为而三。孙、袁吾不论，独康似略有本源矣。然细观之，其本源究不能指其实在何处，徒为华言炫听，并无一干竖立，枝叶扶疏之妙。愚意所谓本源者，倡学而已矣。惟学如基础，今人无学，故基础不厚，时惧倾圮。愚于近人，独服曾文正，观其收拾洪杨一役，完满无缺。使以今人易其位，其能如彼之完满乎？"③ 毛泽东在系统研读了曾国藩的散文、家书、日记等文献资料后，服膺其军政事功、道德文章，乃至得出"独服曾文正"的至高评价。

其次，曾国藩道德文章对毛泽东学风文风的影响。由姚鼐、方苞、刘大櫆创立的"桐城派"，是清代文坛统治二百多年的重要流派，影响深远直至民国时期。同治年间，曾国藩以"同治中兴"的功臣身份，广聚幕府人才，坚持理学道统，倡导桐城派古文，并身体力行，使桐城派古文在文坛一度复兴。曾国藩的为文风格，除了桐城派强调的义理、考据、辞章之外，另加"经济"一项，并比之孔子学问的德行、文学、言语、政事四科。并针对桐城派古文之弊，提出修正意见，主张骈散兼容，提倡"雄奇瑰玮"。曾国藩在日记中写道："实者，不说大话，不务虚名，不行驾空之事，不谈过高之理，如此，可以少正天下浮伪之习。"毫无疑问，桐城派的古文传至曾国藩手中，不仅仅是为文而文，也不再是文人的笔墨游戏，而是传统士大夫经邦济世的

---

① 引自徐文钦编著《毛泽东读书治国》，中央文献出版社 2008 年版，第 91 页。
② 《毛泽东早期文稿》，湖南出版社 1990 年版，第 85 页。
③ 同上。

载体，实现曹丕《典论·论文》对文章至高的定义与期许："盖文章，经国之大业，不朽之盛事。"曾国藩从古文理论到创作实践对桐城派进行了改造，开创出一个新的文学流派，后人称之为"湘乡派"。曾国藩提倡的作经世之文，倡导义理、考据、辞章、经济的合一，对毛泽东后来创立理论与实践相结合、求真务实的学风文风产生了深远影响。

　　曾国藩作为清代文章大家，同时也是撰写政论的高手。曾氏多年戎马生涯，作为朝廷封疆大吏主持地方军政要务，与朝廷之间文书往来，奏疏写作颇有功底，对其取得朝廷信任、举荐提拔人才、官场自保起到了重要作用。曾国藩多次率领湘军同太平军打仗，可总是打一仗败一仗，特别是在江西鄱阳湖口一役中，水师被歼灭，损失殆尽，自己险些丧命，他不得不上疏向皇上表示自责。在上疏书里，其中有一句是"臣屡战屡败"，请求处罚。后来接受幕僚建议，他将"屡战屡败"改为"屡败屡战"，强调自己对皇上的忠心和作战的勇气，虽败犹荣，皇上不仅没有责备他屡打败仗，反而还肯定了他的功绩。曾国藩作为清末政论家，对历史上历代的政论文做过细致研究和对比，对于西汉初年政论家贾谊的《治安策》，曾氏评价："奏疏以汉人为极轨，而气势最盛事理最显者，尤莫善于《治安策》，故千古奏议，推此篇为绝唱。"他认为贾谊这篇政论"于三代及秦治术无不贯彻，汉家中外政事无不通晓"。同样，毛泽东也称赞道："《治安策》一文是西汉一代最好的政论，贾谊于南放归来著此，除论太子一节近于迂腐以外，全文切中当时事理，有一种颇好的气氛，值得一看……"① 高度肯定了贾谊这篇政论的价值。

　　由此可见，从治学方法，到探求义理，从修身之道，到古文写作等，毛泽东早年的人生理想与抱负、学习生活与文辞章句，都深受同乡先贤曾国藩的影响。作为湖湘文化的代表人物，曾国藩从军、从政、为学、为文的思想和经验，是青年毛泽东政治意识、文化意识、学术意识、学风文风意识产生的渊源之一。当然，毛泽东后来接受了马克

---

① 《毛泽东书信选集》，中央文献出版社 2003 年版，第 497 页。

思主义，其学风文风在继承前人的基础上实现了卓越的创新，开创了新的气象和境界，与曾国藩具有历史局限性甚至落后的封建道德文章不可同日而语。

杜威实用主义哲学对青年毛泽东的影响。约翰·杜威（John Dewey，1859—1952）是美国著名的实用主义哲学家、教育家和心理学家。杜威著作丰富，涉及科学、艺术、宗教伦理、政治、教育、社会学、历史学和经济学诸方面，影响深远，使实用主义成为美国特有的文化现象。

杜威 1879 年毕业于佛蒙特大学，后师从霍普金斯大学研究院皮尔士，1884 年获博士学位，此后相继在密执安大学、芝加哥大学、哥伦比亚大学任教。他的主要哲学著作有《哲学的改造》（1920）、《经验与自然》（1925）、《确定性的寻求》（1929）等。在美国学术史上，如果说皮尔士创立了实用主义的方法，威廉·詹姆斯建立了实用主义的真理观，那么，杜威则建造了实用主义的理论大厦。

杜威五四运动前后曾经来中国讲学。当时由胡适、蒋梦麟、陶行知等杜威的及门弟子，代表江苏省教育会、北京大学和北京大学知行学会等五个教育团体邀请杜威到北京、上海、南京和其他几个城市讲演。杜威于 1919 年 4 月 30 日到达上海，曾先后在北京、南京、杭州、上海、广州等地讲学，此行受到了中国知识界的礼遇。至杜威 1921 年 7 月归国，一共在中国停留两年多时间，杜威的学说在中国知识界产生了重要影响。

在杜威访问期间，1920 年 10 月，湖南教育学会举办"学术讲演会"，邀请蔡元培、章炳麟、吴敬恒、张东荪以及杜威、罗素等人来湘讲演。毛泽东曾为湖南《大公报》担任讲演的记录员，对杜威讲学的内容有全面的了解。事后，他在《问题研究会章程》中提出"杜威教育说如何实施"的问题。1920 年 6 月 7 日，毛泽东在一封信中说："我近来功课，英文、哲学，只这二科。哲学从现代三大哲学家（按指杜威、罗素、柏格森）起，次进于各家。"① 由此可以看出，在杜威

---

① 《毛泽东早期文稿》，湖南出版社 1990 年版，第 31 页。

前往湖南讲学之前,青年毛泽东就了解杜威,开始研读杜威著作,并且给予很高评价。

杜威作为美国最负盛名的学者来中国讲学,不仅对胡适等知识分子产生了重要影响,对毛泽东也产生了一定影响。杜威的哲学提倡实用主义,虽然与中国传统哲学的范畴不一样,但是也有共通之处,就是强调立足实际,强调理论与实际的结合,注重个人实践以及对社会发展规律进行探索和研究。在杜威访问中国期间,毛泽东等人在杜威实用主义哲学以及在王船山学说提倡的"至诚实用"、"实事求是"、"力行第一"的思想的影响下,于1921年9月利用船山学社的校舍开办了湖南自修大学。这样,毛泽东所受到的以船山思想为代表的中国传统的经世致用和实事求是的思想和学风就与杜威的哲学思想产生了共鸣。纵观毛泽东早年历程,他始终坚持改造社会、改造世界的理想,始终坚持调查研究的实学作风,他的主要调查研究活动包括:1917年利用暑期,与同学萧子升在湖南"游学",同年冬季,创办长沙工人夜校;1918年,毛泽东同萧子升、何叔衡、蔡和森等发起成立新民学会;1920年,毛泽东参加筹备成立俄罗斯研究会;1921年,毛泽东创办湖南自修大学;1922年,毛泽东创办安源工人夜校;1925年,毛泽东主持国民党中央农民运动讲习所;1927年年初,毛泽东在湖南考察农民运动等。

虽然毛泽东的实践观深受杜威实用主义实践观的影响,但他的思想扎根于中国传统文化,尤其是后来确立了辩证唯物主义和历史唯物主义的世界观和方法论,并创立了具有中国特色的哲学理论体系。所以说,毛泽东的哲学思想远远超越了杜威实用主义思想的局限。

杨昌济伦理思想对青年毛泽东的影响。杨昌济(1871—1920)字华生,又名怀中,湖南长沙县人。早年入岳麓书院学习,后留学日本,毕业于东京弘文学院。又入东京高等师范专门攻读教育学。1909—1912年入英国伦敦北淀大学,获文学士学位。1913年春回到湖南后,为实现"以直接感化青年为己任"、"欲栽大木柱长天"的教育理想,他辞去湖南省教育司司长之聘到长沙担任教师。历任湖南省立高等师范学校、省立第一师范、第四师范、第一中学等校教师,讲授哲学、伦理学、教育学、心理学等课程。1918 年应蔡元培之聘，任北京大学哲学系教授。五四运动时期关心新文化运动，参与发起组织北大哲学研究会。主要著作有《达化斋日记》《论语类钞》《西洋伦理学史》等。

杨昌济是一位具有强烈爱国主义和民主主义思想的教育家。他的哲学思想属于中体西用体系，主要是以爱国为核心，以儒家的"修身、齐家、治国、平天下"为框架，以修身为本，通过教育，栽培人才，达到治国平天下的目的。其深厚的渊源，主要是以湖湘文化为基础，同时他又将西方的科学教育思想与中国传统教育理念相结合。因此，杨昌济的教育思想是一个教学相长、中西交汇、内容丰富而完整的科学体系。杨昌济尤其重视德育，明确的德育目标和崇高的理想构成了他的德育世界和精神情怀，他的教育理念、崇高理想和情操，对他的学生成才，乃至对中国革命产生了深远影响。杨昌济在湖南一师工作五年半，培养出蔡和森、何叔衡、李维汉等一批无产阶级革命家，以及萧三、张国基等一批学者名流，成就斐然。然而，在湖南期间，杨昌济最大的收获是发现并培养了他一生中最为欣赏的学生，也是后来成为他女婿的毛泽东。①

1913 年春，毛泽东以满分的成绩考入湖南四师，次年并入湖南第一师范。在此期间，毛泽东结识了时任伦理学教授的杨昌济先生，并得到了他的悉心栽培、指导及鼓励。毛泽东胸怀救国大志，力行德智体全面发展，是第一师范青年学子中的佼佼者，深得杨昌济器重。杨昌济在 1915 年 4 月 5 日的日记中写道："毛泽东资质俊秀若此，殊为难得。"他认为毛泽东是"海内人才，能充栋梁之任"，对他十分器重和爱护，在他到北大任职之后，不久就举荐毛泽东与北京大学著名学者、中国共产党早期领导人李大钊认识。

毛泽东于 1918 年 8 月离开长沙来到北京。毛泽东进北京时身无分文，却心忧天下，他暂住杨昌济教授家，一方面为湖南青年赴法勤工俭学的事奔走呼告；另一方面想方设法寻找工作以解决生活问题。杨

---

① 参见吴北萍《杨昌济的教育思想与贡献》，《兰台世界》2013 年 1 月。

昌济与当时北京大学图书馆馆长李大钊联系，为毛泽东找了一个图书馆助理馆员的职位。于是在北京大学红楼馆长办公室，毛泽东与仰慕已久的李大钊教授有了最初的接触。在多次的交流和接触中，李大钊发现毛泽东志向远大，思想敏锐，引以为湖南人才表率。1919 年，毛泽东第二次进京拜访李大钊，在李大钊的指引下，毛泽东即开始组织长沙共产主义小组。此后，毛泽东开始了波澜壮阔的为共产主义而奋斗的人生历程。而杨昌济教授，正是这一道路最为关键的领路人之一。

　　毛泽东曾说："教员中给我最强烈的印象的就是一个英国留学生杨怀中。"① 可见，杨昌济先生的思想品德、学习方法、生活方式，对毛泽东有终生难以磨灭的影响。毛泽东也特别得到恩师的垂青，毛泽东写了一篇《心之力》的文章，杨昌济教授打了满分。杨昌济先生评价道："中国的未来不能缺少蔡和森的睿智，也不能缺少毛泽东的天才。"得到了杨昌济教授的鼓励，在读书期间，毛泽东更加充满对前途的自信，常与志同道合的同学互相勉励，要成为"栋梁之材"，要"以天下为己任"。因此，无论是对待社会、国家、世界，还是家庭、学校、师生关系，各个方面都表现了他高度的爱国主义和坚决的革命精神，同时也反映他追求真理、除旧布新的思想。毛泽东之所以有如此的胆略、才智、责任感，正是得益于道德高尚、独具慧眼的杨昌济先生的指引和栽培。

---

　　① ［美］斯诺录：《毛泽东自传》，汪衡译，解放军文艺出版社 2001 年版，第 27 页。

三

毛泽东学风理论的主要内容

（一）毛泽东学风理论的科学内涵

学风，是指学习的风气。在新民主主义革命时期，毛泽东针对党内存在的学风问题，把马克思主义理论与中国的学风实际结合起来，在马克思主义发展史上，第一次提出了毛泽东的马克思主义学风观，并根据党的建设的实践不断予以发展和完善。

党在思想路线上的经验教训与毛泽东学风理论起源。毛泽东之所以提出并且重视马克思主义学风理论的建设，应该从党曾经走过的弯路说起。在中国共产党成立早期，以陈独秀为代表的右倾机会主义曾经占据党的领导地位，他们对马克思主义存在片面理解，对当时中国革命实际情况缺乏正确认识，从而放弃了对中国革命尤其是武装力量的领导权，进而导致第一次大革命以失败告终。此后，1927年召开的"八七会议"，总结经验教训，清算了陈独秀右倾机会主义错误，正式确定了实行土地革命和武装起义的方针，并把领导农民进行秋收起义作为当前党的最主要任务。使全党没有在白色恐怖面前惊慌失措，指明了革命斗争的正确方向，为挽救党和革命作出了巨大贡献。但"八七会议"由于没有注意防止正在滋长的"左"倾情绪，导致后来发展成危害极大的"左"倾错误。其表现就是严重地把马克思主义教条化，盲目执行共产国际的指示，亦步亦趋照搬苏联经验，动不动"拿本本来"，唯本本是从。这种倾向给党的建设和革命的发展造成了极大的危害。在此背景下，1930 年 5 月，毛泽东撰写了《反对本本主义》一文，深刻地批判了这种错误倾向，并提出"没有调查，没有发言权"的著名论断。文中指出："我们说马克思主义是对的，决不是因为马克思这个人是什么'先哲'，而是因为他的理论，在我们的实践中，在我们的斗争中，证明了是对的。我们的斗争需要马克思主义。"① 并且进一步指出："马克思主义的'本本'是要学习的，但是必须同我国的实际情况相结合。我们需要'本本'，但是一定要纠正脱离实际情况的本本主义。"② 这里面就提到了如何学习、如何对待、如何运用马克思主义的问题。本本需要学习，但不是为了学习而学习，是为了通过马克思主义的本本掌握马克思主义的理论，掌握马克思主义的理论也不是最终目的，而是为了通过理论揭示的立场、观点和方法，来分析研究我们的历史和现状，制定正确策略，解决实际问题，这是我们需要本本的目的。在此文中，毛泽东提出了"思想路线"的概念，主张"共产党人从斗争中创造新局面的思想路线"③。实际上就是说，"共产党的正确而不动摇的斗争策略，决不是少数人坐在房子里能够产生的，它是要在群众的斗争过程中才能产生的，这就是说要在实际经验中才能产生。因此，我们需要时时了解社会情况，时时进行实际调查"④。因此，对马克思主义的学习要紧扣对马克思主义的运用和发展，在实际的调查中，把对本本的学习化作我们斗争的立场、观点和方法。虽然毛泽东这时还没有明确提出学风这一概念，但当时党内存在的学风问题，以及学风问题所包含的实质性的内涵，即如何对待马克思主义，马克思主义的思想路线、工作方法等在这里已经得

---

① 《毛泽东选集》第 1 卷，人民出版社 1991 年版，第 111 页。

② 同上书，第 111—112 页。

③ 同上书，第 116 页。

④ 同上书，第 115 页。

到某种程度的揭示和阐发。

1937 年 9 月，针对党内存在的自由主义，以及看待马克思主义的不正确态度，毛泽东撰写了《反对自由主义》，文中指出："自由主义者以抽象的教条看待马克思主义的原则。他们赞成马克思主义，但是不准备实行之，或不准备完全实行之，不准备拿马克思主义代替自己的自由主义。这些人，马克思主义是有的，自由主义也是有的：说的是马克思主义，行的是自由主义；对人是马克思主义，对己是自由主义。两样货色齐备，各有各的用处。这是一部分人的思想方法。"① 毛泽东在这里淋漓尽致地揭露了自由主义者的嘴脸，他们阳奉阴违，言行不一，虽然名义上赞成马克思主义，甚至学习马克思主义的只言片语，但实际上却以马克思主义的教条当挡箭牌，为的是实行自由主义的那一套，显然不是学习和运用马克思主义的正确态度和方法。马克思主义成为教条而不是行动的指南，造成理论与实际的严重分离。

文中"思想方法"的提出，表明毛泽东对这个问题的思考已经上升到哲学方法论的角度。到达延安后，毛泽东利用相对宽松的客观环境，异常刻苦地阅读了大量马克思主义哲学著作，相对系统地学习了马克思主义诸多理论。根据中国革命在实践中取得的经验和教训，毛泽东对许多哲学问题做了十分精深的思考，相继写出了《实践论》《矛盾论》等极为出色的哲学著作。这些著作的发表，渗透着毛泽东对学风问题一如既往的思考，也在一定程度上为马克思主义学风理论的成熟打下了牢固的哲学基础。写作"两论"的目的，主要是要解决党员干部的思想方法问题，教育干部克服教条主义、经验主义等对革命工作极为有害的作风，这些问题就是主观主义学风存在的源头，对这些问题进行哲学上的说明和解决就是理论指导实践的根据，就是开展整风运动的前奏。因此，"两论"中虽然没有提及学风概念，但却是进行马克思主义学风理论建构的重要一步。如《实践论》中所说："唯心论和机械唯物论，机会主义和冒险主义，都是以主观和客观相分裂，以认识和实践相脱离为特征的。以科学的社会实践为特征的马

---

① 《毛泽东选集》第 2 卷，人民出版社 1991 年版，第 361 页。

克思列宁主义的认识论,不能不坚决反对这些错误思想。"①《矛盾论》指出:"我们的教条主义者是懒汉,他们拒绝对于具体事物做任何艰苦的研究工作,他们把一般真理看成是凭空出现的东西,把它变成为人们所不能够捉摸的纯粹抽象的公式,完全否认了并且颠倒了这个人类认识真理的正常秩序。他们也不懂得人类认识的两个过程的互相联结——由特殊到一般,又由一般到特殊,他们完全不懂得马克思主义的认识论。"② 理论与实践、知与行的关系问题,认识的规律问题,教条主义、经验主义的问题归结起来都是学风问题。毛泽东通过"两论"批判了错误的工作态度和思想方法,从而树立起了正确对待马克思主义、掌握马克思主义的思想方法。归根到底,"通过实践而发现真理,又通过实践而证实真理和发展真理。从感性认识而能动地发展到理性认识,又从理性认识而能动地指导革命实践,改造主观世界和客观世界。实践、认识、再实践、再认识,这种形式,循环往复以至无穷,而实践和认识之每一循环的内容,都比较地进到了高一级的程度。这就是辩证唯物论的全部认识论,这就是辩证唯物论的知行统一观"③。这就是马克思主义学风的哲学证明和理论基础。

1938 年,中国共产党召开了六届六中全会,毛泽东在会上所作的政治报告中专门有一段关于"学习"问题的论述,特别是对如何学习马列经典以及在学习中如何运用马克思主义方法进行了深入的思考。他认为:"马克思、恩格斯、列宁、斯大林的理论,是'放之四海而皆准'的理论。不应当把他们的理论当作教条看待,而应当看作行动的指南。不应当只是学习马克思列宁主义的词句,而应当把它当成革命的科学来学习。不但应当了解马克思、恩格斯、列宁、斯大林他们研究广泛的真实生活和革命经验所得出的关于一般规律的结论,而且应当学习他们观察问题和解决问题的立场和方法。"④ 恩格斯曾经指出:"马克思的整个世界观不是教义,而是方法。它提供的不是现成

---

① 《毛泽东选集》第 1 卷,人民出版社 1991 年版,第 295 页。

② 同上书,第 310 页。

③ 同上书,第 296—297 页。

④ 《毛泽东选集》第 2 卷,人民出版社 1991 年版,第 533 页。

的教条，而是进一步研究的出发点和供这种研究使用的方法。"① 显然，毛泽东这里对马克思的理解是契合恩格斯的观点的。毛泽东明确提出学习马列，主要是要学习它的立场、观点和方法，这是中国共产党人经过长期的摸索，才得到的符合中国人实际的学习马列和运用马列的科学方法。

毛泽东同时还说道："学习我们的历史遗产，用马克思主义的方法给以批判的总结，是我们学习的另一任务。……对于中国共产党说来，就是要学会把马克思列宁主义的理论应用于中国的具体的环境。……因此，使马克思主义在中国具体化，使之在其每一表现中带着必须有的中国的特性，即是说，按照中国的特点去应用它，成为全党亟待了解并亟须解决的问题。"② 这里强调对待马列不是生吞活剥式的，而是灵活运用，使马克思主义在中国具体化，这对于纠正错误思想、端正党的思想路线、树立马克思主义学风起到了良好的作用。

毛泽东学风理论的逐步发展。随着理论的发展、实践的深入和革命形势的需要，毛泽东对于党内学风问题的认识也更加成熟，到了1941 年 5 月，毛泽东就学习问题专门发表了一篇讲话，即《改造我们的学习》。毛泽东针对党内路线的分歧，分析了广泛存在于党内的非马克思列宁主义思想作风，在研究历史，研究现状，学习国际的革命经验，学习马克思列宁主义的普遍真理时，存在两种对立的态度，一种是主观主义的态度，一种是马克思列宁主义的态度。前者"就是抽象地无目的地去研究马克思列宁主义的理论。不是为了要解决中国革命的理论问题、策略问题而到马克思、恩格斯、列宁、斯大林那里找立场，找观点，找方法，而是为了单纯地学理论而去学理论。不是有的放矢，而是无的放矢"③。这种学习马克思列宁主义的方法本身就是直接违反马克思列宁主义的，因为他们违背了马克思列宁主义的一条基本原则：理论和实际的统一。他们在学习的过程中实际上奉行的是

---

① 《马克思恩格斯选集》第 4 卷，人民出版社 2012 年版，第 664 页。

② 《毛泽东选集》第 2 卷，人民出版社 1991 年版，第 533—534 页。

③ 《毛泽东选集》第 3 卷，人民出版社 1991 年版，第 799 页。

一条相反的原则，即理论和实际相分离。毛泽东指出："这种反科学的反马克思列宁主义的主观主义的方法，是共产党的大敌，是工人阶级的大敌，是人民的大敌，是民族的大敌，是党性不纯的一种表现。大敌当前，我们有打倒它的必要。只有打倒了主观主义，马克思列宁主义的真理才会抬头，党性才会巩固，革命才会胜利。我们应当说，没有科学的态度，即没有马克思列宁主义的理论和实践统一的态度，就叫做没有党性，或叫做党性不完全。"[①] 对于这些没有科学态度，只知背诵马克思、恩格斯、列宁、斯大林著作中的若干词句，徒有虚名并无实学的人，毛泽东还用了一副对子加以刻画，"墙上芦苇，头重脚轻根底浅；山间竹笋，嘴尖皮厚腹中空。"毛泽东寄希望于大家反省自己的缺点、诊治自己的毛病，早日纠正主观主义的学习态度，转变为马克思列宁主义的学习态度。

怎么转变呢？"就是要有目的地去研究马克思列宁主义的理论，要使马克思列宁主义的理论和中国革命的实际运动结合起来，是为着解决中国革命的理论问题和策略问题而去从它找立场，找观点，找方法的。"[②] 意思就是说，对马克思主义的学习不是为了死记硬背一些书本知识，不是生搬硬套马克思列宁主义的教条，也不是抽象空洞毫无目的地研究马列主义，而是要对照中国存在的问题，为着解决这些问题，而到马克思列宁主义那里去找立场、找观点、找方法。目的不同，我们学习的态度和方法就会不一样，所解决的具体问题，所产生的实际效果更会大相径庭。马克思列宁主义的态度"就是有的放矢的态度。'的'就是中国革命，'矢'就是马克思列宁主义。我们中国共产党人所以要找这根'矢'，就是为了要射中国革命和东方革命这个'的'的。这种态度，就是实事求是的态度。'实事'就是客观存在着的一切事物，'是'就是客观事物的内部联系，即规律性，'求'就是我们去研究"[③]。在这里，毛泽东对"有的放矢"和"实事求是"进

---

① 《毛泽东选集》第 3 卷，人民出版社 1991 年版，第 800 页。

② 同上书，第 801 页。

③ 同上。

行了创造性的阐释，批判地继承优秀文化传统，给中国传统文化赋予了马克思主义的哲学内涵，丰富了马克思主义的语言和理论。"实事求是"从而成为中国共产党思想路线通俗的生动的表述，"这种态度，有实事求是之意，无哗众取宠之心。这种态度，就是党性的表现，就是理论和实际统一的马克思列宁主义的作风。这是一个共产党员起码应该具备的态度。如果有了这种态度，那就既不是'头重脚轻根底浅'，也不是'嘴尖皮厚腹中空'了"①。也就是说，实事求是成为马列主义哲学的认识路线、中国共产党的思想路线，更应该是共产党员学风、党风、党性的基本原则。

毛泽东学风理论的确立。经过对中国学风问题的长期观察、思考和锲而不舍的理论推进，毛泽东对学风问题的哲学分析和理论说明已经相当丰富。到了1941年9月，毛泽东在《反对主观主义和宗派主义》一文中，终于首次明确提出"学风"这一概念，他指出："现在，延安的学风存在主观主义，党风存在宗派主义。"② 在毛泽东看来，学风问题与党的思想和作风建设密切相关。当时党内，学风问题不但存在，而且还相当严重，随着延安整风运动的开展，毛泽东关于解决学风问题的理论准备终于在全党付诸实践。在《整顿党的作风》（最初发表时题目为《整顿学风党风文风》）中，毛泽东提出："反对主观主义以整顿学风，反对宗派主义以整顿党风，反对党八股以整顿文风，这就是我们的任务。"③ 并且他认为："学风和文风也都是党的作风，都是党风。"④ 就此而言，学风问题被提升到党的作风问题的高度，并随着整风运动的兴起而使马克思主义的学风理论普遍深入人心。

针对党内作风存在的主观主义现象，毛泽东旗帜鲜明、一针见血地说道："主观主义是一种不正派的学风，它是反对马克思列宁主义的，它是和共产党不能并存的。我们要的是马克思列宁主义的学

---

① 《毛泽东选集》第3卷，人民出版社1991年版，第801页。
② 《毛泽东文集》第2卷，人民出版社1993年版，第373页。
③ 《毛泽东选集》第3卷，人民出版社1991年版，第812页。
④ 同上。

风。"① 什么是马克思列宁主义的学风？毛泽东认为："所谓学风，不但是学校的学风，而且是全党的学风。学风问题是领导机关、全体干部、全体党员的思想方法问题，是我们对待马克思列宁主义的态度问题，是全党同志的工作态度问题。既然是这样，学风问题就是一个非常重要的问题，就是第一个重要的问题。"② 这是毛泽东对马克思主义学风的内涵作出的科学界定。他还指出，真正的"理论与实际相联系"是说，中国共产党人应用马克思列宁主义的立场、观点和方法，应用列宁斯大林关于中国革命的学说，进一步地从中国的历史实际和革命实际的认真研究中，在各方面作出合乎中国需要的理论性的创造。他号召全党同志学会应用马克思列宁主义的立场、观点和方法，认真地研究中国的历史，研究中国的经济、政治、军事和文化，对每一问题要根据详细的材料加以具体的分析，然后引出理论性的结论来。不应当把马克思主义的理论当成死的教条。对于马克思主义的理论，要能够精通它、应用它，精通的目的全在于应用。这才是对待马列主义的科学态度，才是马克思主义的正确学风。整风运动的成功，使毛泽东的学风理论得到实践的检验，并进一步走向成熟。适合中国情况的马克思主义学风在全党真正得以确立，并且为中国革命的最终胜利作出了不可磨灭的重大贡献。

通观毛泽东学风理论科学内涵的发展历程，不难发现这个理论的形成不是空穴来风、无的放矢，也不是泛泛而谈、高谈阔论，恰恰相反，其所指对症下药、有的放矢。在 20 世纪 40 年代，毛泽东之所以要在全党范围内开展一场普遍的整风运动，是他一贯自觉地把马克思主义基本原理、马克思主义的立场、观点和方法运用到中国革命实践中的结果。在对党的历史和现状的研究分析中，毛泽东指出："过去我们的党很长时期为主观主义所统治，立三路线和苏维埃运动后期的'左'倾机会主义都是主观主义。苏维埃运动后期的主观主义表现更严重，它的形态更完备，统治时间更长久，结果更悲惨。这是因为这

---

① 《毛泽东选集》第 3 卷，人民出版社 1991 年版，第 812—813 页。
② 同上书，第 813 页。

些主观主义者自称为'国际路线'，穿上马克思主义的外衣，是假马克思主义。"① 而在延安时期，虽然主观主义、宗派主义、党八股不再占全党统治地位，但是它们还在经常作怪。"这就是说，我们的学风还有些不正的地方，我们的党风还有些不正的地方，我们的文风也有些不正的地方。所谓学风有些不正，就是说有主观主义的毛病。所谓党风有些不正，就是说有宗派主义的毛病。所谓文风有些不正，就是说有党八股的毛病。"② 因此，有加以抵制的必要，有加以研究分析说明的必要。由此可见，毛泽东学风问题的提出就是自觉运用马克思主义来指导中国实践、解决具体问题的过程。他创造性地提出通过开展整风运动来解决党内思想问题的办法，是对党的建设学说的创新与发展，是马克思主义中国化的一个重大理论创新，丰富了马克思主义理论宝库。整风运动本身就是对毛泽东学风理论的自觉运用和最好的实践证明，是马克思主义和中国实际问题结合的成功经验，是用马克思主义的理论来构建马克思主义的学风观，并以马克思主义的立场、观点和方法来加以实践和升华的成功范例。

新中国成立以后，毛泽东学风理论伴随着社会主义革命和建设的进行得到了曲折的发展。在新中国成立之初，毛泽东号召全党同志继续保持和发扬党的优良传统和作风。坚持实事求是的思想路线，理论联系实际，把马克思列宁主义普遍原理与中国的具体实际相结合。就此而言，马克思主义的学风依然发挥着重要的作用。以毛泽东为核心的党中央，主张从我国的实际情况出发，同时创造性地运用马克思主义基本原理，成功地完成了社会主义改造。

后来到了社会主义建设时期，由于经验的缺乏，在学习苏联经验的过程中，又存在生吞活剥、生搬硬套的情况，这就容易脱离中国的实际，犯主观主义的错误，造成不利的后果，这显然不是马克思主义的学风，甚至是与其相违背的。毛泽东在总结当时的情况时指出，在人们的思想方法方面，实事求是和主观主义是对立的。这就抓住了问

---

① 《毛泽东文集》第 2 卷，人民出版社 1993 年版，第 372 页。
② 《毛泽东选集》第 3 卷，人民出版社 1991 年版，第 812 页。

题的实质，要解决建设中出现的主观主义问题，首先要解决思想方法问题，说到底就是要坚持实事求是、理论联系实际。对于照抄照搬苏联模式，毛泽东也不乏深刻的反思，在 1956 年发表的《论十大关系》中，毛泽东指出，社会科学，马克思列宁主义，斯大林讲得对的那些方面，我们一定要继续努力学习。我们要学的是属于普遍真理的东西，并且学习一定要与中国实际相结合。如果每句话，包括马克思的话，都要照搬，那就不得了。我们的理论，是马克思列宁主义的普遍真理同中国革命的具体实践相结合。党内一些人有一个时期搞过教条主义，那时我们批评了这个东西。但是如今也还是有。学术界也好，经济界也好，都还有教条主义。从这里可以看出，毛泽东认为苏联经验有可取的地方，关键是我们如何鉴别、如何选择以及如何学习的问题。因此，毛泽东重申反对教条主义的马克思主义学风，坚持实事求是、有的放矢，把中国的具体实践与马克思主义普遍真理结合起来，通过实地的调查研究，掌握真实的情况，制定正确的方针政策，从而使得我国的农业、工业以及整个经济工作顺利开展，取得良好的成效。到 1960 年 6 月，在其所写的《十年总结》中，毛泽东谈道，从 1956 年提出十大关系起，开始找到了一条"适合中国的路线"，这条路线开始"反映中国客观经济规律"。在对经济情况有了较好的了解并制定了正确的方针，取得良好的实践效果后，毛泽东又着重调查研究了我国的政治实际，于 1957 年 2 月发表了《关于正确处理人民内部矛盾的问题》的讲话，文章实事求是科学地回答了社会主义改造完成后出现的一系列新情况和新问题，以新的观点、新的措施、新的实践继承和发展了马克思主义。

毛泽东在领导社会主义建设中既有成功也有失误，这种情况体现在学风问题上，就是中国化的马克思主义学风理论在发展过程中的成功和失误。当我们偏离正确学风的时候，往往是党的事业容易出问题的时候，当我们坚持并践行正确学风的时候，往往是党的事业发展得比较好的时候，学风问题的确是一个关系党和国家兴衰存亡的重大政治问题。

（二）毛泽东学风理论的本质规定

在《整顿党的作风》一文中，毛泽东说："学风问题是领导机关、全体干部、全体党员的思想方法问题，是我们对待马克思列宁主义的态度问题，是全党同志的工作态度问题。"① 这个观点包含着三个方面的内容，一是学风问题与思想方法问题，二是学风问题与对待马克思列宁主义的态度问题，三是学风问题与党员工作态度问题。如果学风出问题，这几个方面肯定首当其冲。要想这几个方面不受影响，并且发挥正面的作用，就需要时刻保持马克思列宁主义的学风。而马克思列宁主义的学风就是要"应用马克思列宁主义的理论和方法，对周围环境作系统的周密的调查和研究"②，"就是要有目的地去研究马克思列宁主义的理论，要使马克思列宁主义的理论和中国革命的实际运动结合起来"③，因此，毛泽东强调："学风问题就是一个非常重要的问题，就是第一个重要的问题。"

学风是思想方法问题。首先来看，"学风问题是领导机关、全体干部、全体党员的思想方法问题"。所谓"思想方法"，是指人们在一定世界观指导下观察、研究事物和现象所遵循的规则和程序。也就是每个人在自身所特有的世界观的指导下形成的，用来观察事物、解决问题的方式方法，是关于主观反映客观即认识世界的方法。思想方法与世界观、认识论是一致的。因世界观不同存在着不同的思想方法。实事求是，一切从实际出发是马克思主义根本的思想方法。中国共产党所提倡的学风就是领导机关、全体干部、全部党员必须坚持以马克思主义为指导，理论联系实际，通过调查研究掌握实际情况，进行科学的分析，把握事物的规律性，反对一切从本本出发，反对主观臆想

---

① 《毛泽东选集》第 3 卷，人民出版社 1991 年版，第 813 页。

② 同上书，第 800—801 页。

③ 同上书，第 801 页。

客观情况，反对盲目指导具体工作，反对一切以经验作为出发点和归宿，不重视或者表面重视却实际否认马克思主义普遍原理的指导作用。坚持理论联系实际的马克思主义学风，是领导干部面对问题理性分析、科学决策、正确指挥、妥善解决的重要保证，是增强党的战斗堡垒作用的前提和基础。

学风是对待马克思列宁主义的态度问题。再看学风问题是我们"对待马克思列宁主义的态度问题"。在中国共产党早期，党内外有些同志对马克思主义的学说，对中国的历史和现状等实际情况还不是特别的熟悉和理解。因此，他们如何对待、如何学习马克思列宁主义就成为当时的头等大事。这关系到马克思列宁主义能不能被中国广大党内外同志接受，关系到党员同志能不能坚持以马克思主义的立场、观点为出发点，用马克思主义来解释世界、改造世界，并时刻坚持理论联系实际，进而关系到革命前途的发展形势。其次，选择了马克思列宁主义之后，是把马克思列宁主义当一成不变的教条，还是根据当地实际情况，把它当作不断发展变化的理论；是只知道死记硬背、生搬硬套马列主义一些只言片语，还是重在掌握它的立场、观点和方法，这也是一个态度问题。

党的学风建设思想实质上是党如何对待马克思主义的问题，如何处理理论与实际的关系问题。中国共产党是以马克思主义为指导思想的政党，没有马克思主义理论就没有中国共产党的存在，马克思主义是指导中国共产党前行的精神支柱，是中国共产党的灵魂。中国共产党只有在马克思主义的指导下才能带领中国人民取得新民主主义革命、社会主义建设的胜利。中国共产党之所以选择马克思主义作为指导，也是由其理论的科学性、中国革命及其建设的现实需要等因素所决定的。

理论是行动的指南，没有革命的理论，就没有革命的行动，因此，对待马克思列宁主义就需要积极热情的学习态度，以及对马克思列宁主义的正确理解和真诚信仰。在理论上的坚定和成熟，是我们开展工作、制定政策的动力和保证。同时，除了要学习马克思主义理论之外，毛泽东还号召大家要研究现状，学习历史的经验，他在《改造我们的学习》中说道："像我党这样一个大政党，虽则对于国内和国际的现状的研究有了某些成绩，但是对于国内和国际的各方面，对于国内和国际的政治、军事、经济、文化的任何一方面，我们所收集的材料还是零碎的，我们的研究工作还是没有系统的。二十年来，一般地说，我们并没有对于上述各方面作过系统的周密的收集材料加以研究的工作，缺乏调查研究客观实际状况的浓厚空气。'闭塞眼睛捉麻雀'，'瞎子摸鱼'，粗枝大叶，夸夸其谈，满足于一知半解，这种极坏的作风，这种完全违反马克思列宁主义基本精神的作风，还在我党许多同志中继续存在着。"① 他指出，"不论是近百年的和古代的中国史，在许多党员的心目中还是漆黑一团。许多马克思列宁主义的学者也是言必称希腊，对于自己的祖宗，则对不住，忘记了"②。而对于国际的革命经验，也要注意运用他们的立场、观点和方法，来具体地研究中国的现状和中国的历史，具体地分析中国革命问题和解决中国革命问题。

因此，我们对待马克思列宁主义的正确态度，就是要坚持学习马克思列宁主义的原理，坚定马克思列宁主义的重要指导作用，坚持马克思列宁主义与中国历史、中国现状的结合，克服教条主义或经验主义态度，理论联系实际，有的放矢。这是毛泽东学风建设的要求所在。

学风是工作态度问题。最后来看，学风是"全党同志的工作态度问题"。毛泽东在《整顿党的作风》中提到"我们要完成打倒敌人的任务，必须完成这个整顿党内作风的任务。学风和文风也都是党的作风，都是党风。只要我们党的作风完全正派了，全国人民就会跟我们学。党外有这种不良风气的人，只要他们是善良的，就会跟我们学，改正他们的错误，这样就会影响全民族"③。毛泽东在这里明确指出学风就是党的作风，是党风的问题，说明学风关系党的兴衰存亡。中国共产党把作风问题提到世界观的高度，这是党的建设的一个突出特点，是毛泽东党建思想中的一个重要内容。党的作风主要包括"理论和实

---

① 《毛泽东选集》第 3 卷，人民出版社 1991 年版，第 796—797 页。
② 同上书，第 797 页。
③ 同上书，第 812 页。

践相结合的作风，和人民群众紧密地联系在一起的作风以及自我批评的作风"。这三大优良作风能否建设好与党的学风建设密切相关，如果党内盛行主观主义学风，那么教条主义和经验主义必然控制党员的头脑，理论与实际必然相分离，党员也就不会和人民群众紧密联系在一起，更不用说进行自我批评了。就此而言，学风建设的好坏，关系到党的前途和命运。毛泽东还进一步指出："学风就是党性的表现。"而主观主义学风是"党性不纯的一种表现"，是"没有党性，或叫做党性不完全"。"只有打倒了主观主义，马克思列宁主义的真理才会抬头，党性才会巩固，革命才会胜利。"① 因此，就必须践行实事求是的学风，它"就是党性的表现，就是理论和实际统一的马克思列宁主义的作风"②。

把学风与党风、党性联系起来考察，深刻揭示了学风问题的重要地位和本质特征。中国共产党在领导中国人民伟大革命和建设事业中，坚持推进党的学风建设以带动党的优良作风建设，始终把党的建设放在十分重要的地位。这是中国革命和建设事业在党的带领下不断胜利、稳步前进的根本保证。

（三）毛泽东学风理论的根本要求

理论联系实际，是毛泽东关于马克思主义学风建设的根本要求。理论联系实际，就是在实践的基础上解决认识过程中主观和客观的矛盾，达到主观与客观、理论与实际的辩证统一。毛泽东在1956年中共八大开幕词中，总结说，我国的革命和建设的胜利，都是马克思列宁主义的胜利。把马克思列宁主义的理论和中国革命的实践密切地联系起来，这是我们党的一贯的思想原则。毛泽东在将马克思列宁主义普遍原理同中国革命具体实践相结合的过程中，对理论联系实际作出了

---

① 《毛泽东选集》第 3 卷，人民出版社 1991 年版，第 800 页。

② 同上书，第 801 页。

深刻的论述和创造性的发挥。任何正确的理论，只有同实际结合起来，才能发挥其作用，任何脱离实际的理论只能是空洞的理论。毛泽东引用斯大林的话说："理论若不和革命实践联系起来，就会变成无对象的理论，同样，实践若不以革命理论为指南，就会变成盲目的实践。"[①] 在《中国共产党在民族战争中的地位》中，他又指出"马克思列宁主义的伟大力量，就在于它是和各个国家具体的革命实践相联系的"[②]。延安整风运动的时候，他反复强调了实事求是、理论联系实际的重要性。他把理论联系实际比喻成"箭"和"的"关系，要求有的放矢，用马克思主义之"箭"去射中国革命之"的"，提出要做到理论联系实际，就是要精通理论，深入实际，将两者有机地结合在一起。在党的七大上，毛泽东又把理论联系实际作为中国共产党人的优良作风之一，认为是中国共产党区别于其他任何政党的一个显著的标志。

注重理论学习。理论联系实际，要注重理论学习，理解和把握马克思主义理论的精神实质。理论，是认识的高级形式，是人们对实践中获得的认识和经验加以概括和总结所形成的思想体系。理论有正确和错误之分，正确的理论是在社会实践基础上产生的并经得起实践检验的，正确地反映了客观事物的本质和规律。马克思主义就是这样一种正确的理论，是从无产阶级革命运动的实践中总结出来的革命理论。而所谓实际，就是客观存在的一切事物。

作为坚定的马克思主义者，都应该学习马克思主义的理论。如果连理论都没有学习好、掌握好，就不是一个真正意义上的马克思主义者，就不能理解和把握马克思主义理论的精神实质，不能掌握马克思主义的理论体系，不能正确运用理论来分析、解决问题并指导革命实践。毛泽东对此有极为深刻的认识。为加强全党理论知识的学习，在1938年召开的党的六届六中全会上，他向全党提出了"普遍地深入地研究马克思列宁主义的理论的任务"。同时他号召："我希望从我们这次中央全会之后，来一个全党的学习竞赛，看谁真正地学到了一点东

---

① 《毛泽东选集》第1卷，人民出版社1991年版，第293页。

② 《毛泽东选集》第2卷，人民出版社1991年版，第534页。

西，看谁学的更多一点，更好一点。在担负主要领导责任的观点上说，如果我们党有一百个至二百个系统地而不是零碎地、实际地而不是空洞地学会了马克思列宁主义的同志，就会大大地提高我们党的战斗力量，并加速我们战胜日本帝国主义的工作。"① 在《整顿党的作风》中，毛泽东语重心长地说道："近来马克思列宁主义的书籍翻译的多了，读的人也多了。这是很好的事。但是否就可以说我们党的理论水平已经是提得很高了呢？确实，我们的理论水平是比较过去高了一些。但是按照中国革命运动的丰富内容来说，理论战线就非常之不相称，二者比较起来，理论方面就显得非常之落后。"②

马克思主义理论包括很多方面，首先马克思主义哲学是马克思主义理论的基础，而唯物辩证法是马克思主义哲学的核心组成部分。马克思主义哲学既是世界观又是方法论，是中国共产党人认识世界和改造世界的思想武器。延安时期，毛泽东就十分刻苦地学习马克思主义哲学。毛泽东认为很多人虽然没有读过辩证法的书，做起事情也确实是对的，但是他们没有系统化。只有真正系统地掌握了唯物辩证法才能为正确地观察世界和改造世界打好理论基础。因此，"学哲学（宇宙观、方法论）极为重要"。但是，对马克思主义理论的学习，也是需要建立在一定的文化基础之上的。因此，毛泽东主张，必须学习一定的文化知识，对自然科学知识和社会科学知识都要有一定的基础性了解。只有懂得了一定的文化，有一定的文化基础，有一定的思考能力，才能对某些深层次的理论进行学习，甚至影响理论学习的深度和广度。他指出："我们的工农干部要学理论，必须首先学文化。没有文化，马克思列宁主义的理论就学不进去。学好了文化，随时都可学习马克思列宁主义。我幼年没有进过马克思列宁主义的学校，学的是'子曰学而时习之，不亦说乎'一套，这种学习的内容虽然陈旧了，但是对我也有好处，因为我识字便是从这里学来的。何况现在不是学的孔夫子，学的是新鲜的国语、历史、地理和自然常识，这些文化课

① 《毛泽东选集》第 2 卷，人民出版社 1991 年版，第 533 页。
② 《毛泽东选集》第 3 卷，人民出版社 1991 年版，第 813 页。

学好了，到处有用。我们党中央现在着重要求工农干部学习文化，因为学了文化以后，政治、军事、经济哪一门都可学。否则工农干部虽有丰富经验，却没有学习理论的可能。"①

毛泽东特别提倡读一些马克思主义经典著作。他时常在会上给同志们开书单，建议并发动大家一起参加到马克思主义经典著作的学习中来。比如，在 1945 年中共七大会议上，毛泽东就推荐大家读五本书，分别是《共产党宣言》《在民主革命中社会民主党的两个策略》《共产主义运动中的"左派"幼稚病》《社会主义从空想到科学的发展》《联共（布）党史简明教程》。并且还提出了读书的方法，认为我们可以把这五本书装在干粮袋里，打完仗后，就读它一遍或者看它一两句，没有味道就放起来，有味道就多看几句，七看八看就看出味道来了。一年看不通看两年，如果两年看一遍，十年就可以看五遍，每看一遍在后面记上日子，某年某月某日看的。这个方法可以在各个地方介绍一下，我们不搞多了，只搞五本试试。

毛泽东还十分生动地提出了"挤"、"钻"、"底"的具体学习方法。延安时期，对于学习运动中普遍存在的"没有功夫"、"看不懂"、"自满"之类的困难，他提出了用"挤"、"钻"、"底"的办法分别解决。"挤"是指在百忙之中挤时间来学习。在工作、吃饭、休息中间，挤出两小时来学习，把工作向两方面挤一挤，一个往上一个往下，一定可以挤出两小时来学习。"钻"是针对看不懂的问题要勤于钻研，如木匠钻木头一样地"钻"进去。学习的时候，有时正面的东西看不懂，就可以从旁的东西看起，先打下基础，就可以一点一点地搞通正面的东西。最后，学习的最大敌人是学不到"底"。以为自己懂了一点，就满足了，不要再学习了，这满足就是我们学习运动的最大顽敌。这样下去反而将一事无成。只有采取学到底的方针，一定可以克服自满的坏现象。如此一"挤"一"钻"一"底"，时间久了，就一定可以把学习搞好。

在学习上，毛泽东还提倡把全党变成一个大学校，建立完善的学

---

① 《毛泽东选集》第 3 卷，人民出版社 1991 年版，第 818 页。

习机构。在 1940 年，就规定以每年的 5 月 5 日（马克思生日），作为干部学习节。后来，在 1941 年 5 月颁布的《陕甘宁边区施政纲领》中还规定，实施公务人员的两小时学习制。这类学习制度，为理论学习创造了好的条件，起到了有所督促、有所指导的作用。

实践是理论联系实际的关键。强调理论联系实际，关键是理论在实际中的应用。毛泽东曾经指出，"读书是学习，使用也是学习，而且是更重要的学习。从战争学习战争——这是我们的主要方法。没有进学校机会的人，仍然可以学习战争，就是从战争中学习。革命战争是民众的事，常常不是先学好了再干，而是干起来再学习，干就是学习。……说学习和使用不容易，是说学得彻底，用得纯熟不容易。说老百姓很快可以变成军人，是说此门并不难入。把二者总合起来，用得着中国一句老话：'世上无难事，只怕有心人。'入门既不难，深造也是办得到的，只要有心，只要善于学习罢了"①。他认为，读"无字之书"比读"有字之书"更重要，学习有两个最基本的方面：一个是理论，一个是实践。读"无字之书"就必须重视实践。在战争年代，战争是实践的最重要形式，读"无字之书"就意味着从战争中学习战争，就是在实践中增长认识，又在实践中检验认识。

马克思主义之所以是对的，正在于"在我们的实践中，在我们的斗争中，证明了是对的"。理论如果不能为实践服务，就是空洞毫无用处的东西。理论联系实际，很重要的一点就是因为，理论要靠实践并且仅能依靠实践加以检验，经受住检验的才能称之为真理。如何证明自己所坚持的理论是正确的？必须将其与实际相结合，用现实、用事实来说明一切。在党的历史上相继出现过陈独秀的右倾机会主义，王明的"左"倾冒险主义等。最后的实践结果都以惨痛的失败而告终，实践说明这些主义和理论是不符合中国的实际情况的，不能指导中国人民完成民族救亡和国家独立的任务，因此，必然被历史无情地抛弃。而毛泽东面对革命的失败，以马克思主义理论为指导，总结经验和教训，挽狂澜于既倒，从胜利走向胜利，实践证明，马克思主义

---

① 《毛泽东选集》第 1 卷，人民出版社 1991 年版，第 181 页。

经受住了历史的检验，是符合中国需要的科学的理论。

理论联系实际并不是一件容易的事情。中国革命事业也曾遭受过一些失败，有过灰暗的时候，这就是理论与实际不能有机结合的结果。要做到理论联系实际，需要具体问题具体分析。每个国家有每个国家的历史条件和民族特点，马克思主义理论在各国的革命和建设的具体运用就应当根据本国情况有所不同。马克思主义指导下的中国也有自身的特点，因此，中国共产党如何认识这些特点，如何使马克思主义适应这些特点，带领全国人民取得新民主主义革命的胜利，是十分考验中国共产党智慧的。同时，实践是不断发展变化的，理论如何跟上发展变化了的实际，指导发展变化了的实践，同样是一个考验理论结合实际的重大问题。毛泽东指出："中国共产党人只有在他们善于应用马克思列宁主义的立场、观点和方法，善于应用列宁斯大林关于中国革命的学说，进一步地从中国的历史实际和革命实际的认真研究中，在各方面作出合乎中国需要的理论性的创造，才叫做理论和实际相联系。"[①] 因此，毛泽东指出："马克思主义一定要向前发展，要随着实践的发展而发展，不能停滞不前。停止了，老是那么一套，它就没有生命了。"[②] 由此可见，理论联系实际不仅要求正确处理理论与实际的关系问题，而且还要求我们正确对待发展了的理论与发展了的实际的问题。

以毛泽东为代表的中国共产党人，在马克思主义学风的引导下，根据马克思主义的基本原理，把中国革命实践中的一系列独特的经验加以理论的总结，形成了适合中国国情和实践特色的中国化的马克思主义——毛泽东思想。毛泽东思想正是理论联系实际的典型。它既是中国革命发展的内在需要，也是马克思主义进一步发展的客观要求，是中国革命和建设实践中不断丰富和发展的马克思主义。因此，今天我们在学习经典著作的同时，一定要秉持马克思主义学风理论，不断提高运用马克思主义解决实际问题的能力。

---

① 《毛泽东选集》第 3 卷，人民出版社 1991 年版，第 820 页。
② 《毛泽东文集》第 7 卷，人民出版社 1999 年版，第 281 页。

坚持实事求是思想路线。理论联系实际，必须坚持实事求是的思想路线。思想路线，也叫认识路线，指的是人们的认识所遵循的方向、途径、原则和方法。一个政党的思想路线，是指这个政党确定自己的指导思想并支配自己行为的认识路线。中国共产党坚持辩证唯物主义、历史唯物主义，反对唯心主义、形而上学，因此其思想路线为一切从实际出发，理论联系实际，实事求是，在实践中检验真理和发展真理。党的思想路线是中国共产党的实践活动的思想方法和思想原则，是党制定政治路线、组织路线和各项方针政策的基础，也是正确理解和执行党的路线、方针、政策的保证。从历史看，实事求是的提出总是首先针对的是学风问题，一种理论学说，有无实际内容、是否实用，其实就是理论与实际的统一问题。理论若脱离实际，不注重实事求是，就不可能有生命力。

"实事求是"一词，出自《汉书·河间献王刘德传》："修学好古，实事求是"，其意思就是指根据实证，求索真理的精神；明朝王阳明在宋代朱熹"格物便是致知"、"理在事中"的基础上，提出了"知行合一"的观点，倡导"实事求是"的学风。到了清朝乾嘉年间的考据学派，把"实事求是"当作治学的宗旨和基本方法，批判了宋明理学末流的"虚文"、"空疏"和八股文，强调"佐证"、"实证"，具有近代科学精神的萌芽。由此可见，"实事求是"就是指一种严谨的治学态度和方法。但这时还没有对"实事求是"给予唯物主义的内涵。

毛泽东针对共产党内存在的主观主义学风等问题，对实事求是进行了创造性解释，赋予了马克思主义的科学内涵，提出了实事求是的马克思主义学风。1930 年，在《反对本本主义》一文中，毛泽东就指出"马克思主义的'本本'是要学习的，但是必须同我国的实际情况相结合"①。其中已明显包含着实事求是思想的萌芽。1938 年，在党的六届六中全会上，他提出"共产党员应是实事求是的模范"，"因为只有实事求是，才能完成确定的任务"②。在延安整风运动中，毛泽东系

---

① 《毛泽东选集》第 1 卷，人民出版社 1991 年版，第 111—112 页。

② 《毛泽东选集》第 2 卷，人民出版社 1991 年版，第 522 页。

统地阐释了实事求是的具体内容，明确提出"实事求是"作为党的指导原则。1940 年，在《新民主主义论》中谈到"中国向何处去"时，毛泽东指出，唯有科学的态度和负责的精神，才能引导我们的民族达到解放之路。科学的态度是"实事求是"，"自以为是"和"好为人师"那样狂妄的态度是决不能解决问题的。

在延安时期的基本著作《改造我们的学习》《整顿党的作风》《反对党八股》等文中，毛泽东对实事求是做出了完整的表述和科学的阐释。他在强调马克思列宁主义理论和中国革命的实际运动结合起来时，指出"这种态度，就是实事求是的态度。'实事'就是客观存在着的一切事物，'是'就是客观事物的内部联系，即规律性，'求'就是我们去研究"①。毛泽东进而指出，我们要从不同的实际情况出发，从其中引出其固有的而不是臆造的规律性，即找出周围事变的内部联系，作为我们行动的向导。这样做，不凭主观想象，不凭一时的热情，不凭死的书本，而凭客观存在的事实，详细地占有材料，在马克思列宁主义一般原理的指导下，从这些材料中引出正确的结论。坚持实事求是就必须尊重事物本身的发展规律，一切从实际出发。它承认事物的客观存在，尊重规律的存在，透过现象认识规律，按规律办事，解决问题，改造世界。实事求是是主观与客观、现象与本质、形式与内容的辩证统一，因此在毛泽东看来，实事求是不仅是一种学习和工作的态度，也是学习和工作的方法，它是革命和建设兴衰成败的关键，是中国革命建设事业历史经验的高度凝结，是全党集体智慧的结晶。理论联系实际，必须坚持实事求是路线。

（四）毛泽东学风理论的基本方法

根据马克思主义学风理论的内在要求，要做到实事求是，坚持理论联系实际，就必须坚持调查研究，坚持群众路线的工作方法。调查

①　《毛泽东选集》第 3 卷，人民出版社 1991 年版，第 801 页。

研究贯穿于认识和改造世界的全过程，在马克思主义者看来，"坚持马克思主义的认识论就必然要坚持调查研究的根本方法"。毛泽东是我们党内从事调查研究的首创者。他指出："要了解情况，唯一的方法是向社会作调查……作几次周密的调查，乃是了解情况的最基本的方法。"① 正是如此，他在领导中国革命和建设事业中，以马克思主义立场、观点和方法，调查研究中国社会的特点，分析各个时期的政治经济状况、阶级关系和革命形势，提出了符合我国实际情况的路线、方针和政策，为中国革命的胜利和社会主义建设伟大成就的取得作出了卓著贡献，也为党培育了调查研究的优良作风，推进着党的学风建设不断向前发展。

没有调查，就没有发言权。1930 年，毛泽东在《反对本本主义》中提出"没有调查，没有发言权"的响亮口号。他主张通过调查来发现问题、解决问题，通过调查问题的现状和历史，通过掌握解决问题的必要材料，把困难的"来源"找到手，"现状"弄明白，问题就迎刃而解。而"离开实际调查就要产生唯心的阶级估量和唯心的工作指导"②，只有通过努力做实际调查，才能洗刷唯心精神。同时，毛泽东还提出许多调查的技术和方法，供搞调查的同志学习。

1931 年，毛泽东在《总政治部关于调查人口和土地状况的通知》中又进一步提出：第一，不做调查没有发言权。第二，不做正确的调查同样没有发言权。把调查研究提到一个更高要求、更加科学的程度。在延安整风前后，毛泽东进一步向党内外同志阐明了调查研究对于了解情况、制定政策、指导工作的重要性。他指出，要了解情况，唯一的方法是向社会做调查，调查社会各阶级的生活情况。在《改造我们的学习》中，毛泽东着重批评了"对周围环境不作系统的周密的研究，单凭主观热情去工作，对于中国今天的面目若明若暗"③ 的主观主义作风。对此，他提出了马克思列宁主义的态度，就是应用马克思

---

① 《毛泽东选集》第 3 卷，人民出版社 1991 年版，第 789 页。

② 《毛泽东选集》第 1 卷，人民出版社 1991 年版，第 112 页。

③ 《毛泽东选集》第 3 卷，人民出版社 1991 年版，第 799 页。

列宁主义的理论和方法，对周围环境做系统地周密地调查和研究。对于任何一个部门的工作，都必须先有情况的了解，然后才会有好的处理。号召"在全党推行调查研究的计划，是转变党的作风的基础一环"①。此外，毛泽东还有许多关于调查研究的论述，毛泽东对调查研究的重视和践行是他领导中国革命和建设取得伟大成就的重要原因。

通过调查研究，理论与实际相联系有了正确的途径，主观与客观相结合有了合适的桥梁，马克思主义世界观和方法论达到了辩证的统一，这对于马克思主义学风建设有深刻的影响。面对书本知识，面对不懂的问题，面对不正确的学习态度，如果有了调查研究的风气，深入群众之中，深入问题之中，深入解决问题的过程之中，就可以形成好的学习风气，就可获得解决问题的立场、观点和方法，制定科学的路线、方针和政策。

注重调查研究，其目的是认识和解决中国革命建设的重大问题，中国革命斗争的胜利最终要靠中国同志了解中国情况。毛泽东的调查研究活动主要是服务于中国革命建设，始终密切联系中国的实际国情，反对党内主观主义学风的存在。

调查研究涉及调查的指导思想、调查的目的对象、调查的方式方法、调查的作风态度、调查的经验总结等方面，毛泽东是调查研究的大家，在实践的参与与理论的建构等方面都卓有成效。比如，他指出，注重调查研究，不能只把精力放在搜集、整理和分析综合各种历史文献资料上，而需要在马克思主义基本理论的指导下，深入客观实际，直接向社会存在做调查，向人民群众寻求真理。毛泽东所进行的调查研究，其主要对象集中在农村农民和无产阶级身上，因为他们是最受压迫剥削的阶级，是革命的主力军。像毛泽东 1927 年在湖南省的湘潭、湘乡、衡山、醴陵、长沙五县做了历时 32 天的实地调查，并写出了《湖南农民运动考察报告》，该报告驳斥了怀疑和指责农民运动的论调，总结了湖南农民运动的丰富经验，提出了解决农民问题的理论和政策，之后又有《寻乌调查》《兴国调查》《长冈乡调查》《才溪乡

---

① 《毛泽东选集》第 3 卷，人民出版社 1991 年版，第 802 页。

调查》等，这些调查研究的意义与影响贯穿了毛泽东整个革命生涯。毛泽东在农村的调查次数极多，范围很广，持续时间长，内容深入，方法得当，他对中国革命深刻准确的认识正是源于他数次科学的调查研究。因此，毛泽东根据其调查研究的成功经验，号召全党同志大兴调查之风，同时把调查研究广泛地推广运用于其他各个方面，要求各级党员干部在马克思主义的指导下，做到系统地由历史到现状的调查研究，并使之成为解决问题的最为普遍的工作作风、工作方法和工作制度。毛泽东参与和撰写的各种调查报告，在方法论和认识论上给予我们极为有益的启迪和指导，又为中国革命建设事业提供了具有重要科学价值的文献资料。调查研究活动的广泛运用和深入开展，使马克思列宁主义普遍真理同中国革命具体实践紧密结合起来，是转变党的学风的基础一环，影响了中国革命建设的进程。

调查研究是毛泽东学风理论的主要途径。调查研究，是为了了解情况、制定政策和处理问题，理论联系实际需要建立在调查研究的基础上。调查研究是毛泽东学风理论的主要途径。毛泽东认为，调查研究既是向群众学习的过程，又是集中智慧和总结群众经验的办法。调查研究就必须坚持群众路线，人民群众是社会实践的直接从事者，人民群众是历史的创造者，人民群众也是历史的最有力推动者，"群众是真正的英雄，而我们自己则往往是幼稚可笑的，不了解这一点，就不能得到起码的知识"①。党的七大前后，毛泽东在总结历史经验时，说得非常中肯，他指出，二十四年的经验告诉我们，凡属正确的任务政策和工作作风，都是和当时当地的群众要求相适合，都是联系群众的，凡属错误的任务政策和工作作风，都是和当时当地的群众要求不相适合的，都是脱离群众的。因此，调查研究要向人民群众学习，走群众路线。

搞调查研究必须坚持群众路线，是指共产党员在对现实状况进行调查研究的过程中，必须坚持一切为了群众，一切依靠群众，从群众中来，到群众中去。1933 年，毛泽东在《长冈乡调查》中指出，长冈

---

① 《毛泽东选集》第 3 卷，人民出版社 1991 年版，第 790 页。

乡在战争动员上的伟大成绩，是与他们改良群众生活的成绩不可分离的。1934年，在《关心群众生活，注意工作方法》中，毛泽东指出："我们是革命战争的领导者、组织者，我们又是群众生活的领导者、组织者。组织革命战争，改良群众生活，这是我们的两大任务。"① 1945年，毛泽东在《论联合政府》中要求："共产党人的一切言论行动，必须以合乎最广大人民群众的最大利益，为最广大人民群众所拥护为最高标准。"②

一切依靠群众。第一次国内革命战争时期，毛泽东在《湖南农民运动考察报告》中就阐述了一切依靠群众的思想，指出"没有贫农，便没有革命。若否认他们，便是否认革命。若打击他们，便是打击革命"③。土地革命战争期间，又明确提出革命就必须真心诚意地依靠拥护革命的群众。只有依靠群众的力量，才能彻底地消灭一切反革命。抗日战争期间，毛泽东在《论联合政府》报告中指出："人民，只有人民，才是创造世界历史的动力。"④ 他进一步强调："应该使每一个同志懂得，只要我们依靠人民，坚决地相信人民群众的创造力是无穷无尽的，因而信任人民，和人民打成一片，那就任何困难也能克服，任何敌人也不能压倒我们，而只会被我们所压倒。"⑤ 毛泽东一贯把群众看作是真正的英雄，把群众路线当作是弥足珍贵的法宝。毛泽东所倡导的调查研究工作方法，是与群众路线统一的。

从群众中来，到群众中去。这是1943年6月毛泽东在《关于领导方法的若干问题》中首次科学地概括出来的，他写道："从群众中集中起来又到群众中坚持下去，以形成正确的领导意见，这是基本的领导方法。"⑥ 从群众中来，当然不是简单地将群众各自的意见、要求、经验收集起来，不做系统的调查、耐心的求证和认真的分析。而是相

----

① 《毛泽东选集》第1卷，人民出版社1991年版，第139页。

② 《毛泽东选集》第3卷，人民出版社1991年版，第1096页。

③ 《毛泽东选集》第1卷，人民出版社1991年版，第21页。

④ 《毛泽东选集》第3卷，人民出版社1991年版，第1031页。

⑤ 同上书，第1096页。

⑥ 同上书，第900页。

反，是通过科学的调查研究，将群众的实际情况集中起来，运用马克思的立场、观点和方法以及其他相关的各种科学手段，加以系统的分析和综合，得出合理的具有切实意义的结论，并依此制定相应的政策和方针。"到群众中去"，就是把整合后的意见、理论和制定的策略方针再实践于群众，向群众宣传解释，在群众中检验，检验是否正确和正确程度如何；进而，吸收新认识、新经验，面对新问题、新情况，再修正、补充和完善意见。我们党正是在调查研究中，坚持群众路线，坚持一切为了群众，一切依靠群众，从群众中来，到群众中去，才使得党和群众融为一体，并且带领人民群众在革命的前进道路上，解决了一个又一个难题，取得了一个又一个胜利。

（五）学风、文风、党风建设的有机结合

毛泽东在《整顿党的作风》中指出："学风和文风也都是党的作风，都是党风。"[1]毛泽东为什么说学风和文风都是党风？关于毛泽东的马克思主义学风理论上面已有一定阐述，那么，毛泽东的文风理论又有哪些内容，学风、文风和党风之间的具体关系又如何呢？

文风的内涵及党八股的表现形式。所谓文风就是文章所体现的思想作风，或文章写作中某种倾向性的社会风气及作者语言运用的综合反映。文风之所以重要，不仅在于它涉及语言和文字风格，而且关联着党风政风，折射着社会风气，甚至影响到国家的前途和命运。文风问题，实质上是写什么样的文章（包括讲话）、为谁写、怎么写的问题。毛泽东在《整顿党的作风》《反对党八股》等文章中比较系统地论述了党的文风问题，提倡马克思主义文风，反对党八股，强调"新鲜活泼的、为中国老百姓所喜闻乐见的中国作风和中国气派"[2]，并具体要求写文章做到准确、鲜明、生动。

---

① 《毛泽东选集》第 3 卷，人民出版社 1991 年版，第 812 页。

② 《毛泽东选集》第 2 卷，人民出版社 1991 年版，第 534 页。

　　毛泽东提倡改变文风，主要是有感于党内八股文对革命工作的危害，对党员思想的危害，对马克思主义传播和发展的危害。他指出："一个人写党八股，如果只给自己看，那倒还不要紧。如果送给第二个人看，人数多了一倍，已属害人不浅。如果还要贴在墙上，或付油印，或登上报纸，或印成一本书，那问题可就大了，它就可以影响许多的人。而写党八股的人们，却总是想写给许多人看的。这就非加以揭穿，把它打倒不可。"① 当时写八股文的更多是党内搞宣传工作的，他们的文章是要发表出来，给全党同志学习的，其祸害之广不得不加以警惕和阻止。毛泽东说道："如果我们今天不反对新八股和新教条主义，则中国人民的思想又将受另一个形式主义的束缚。至于我们党内一部分（当然只是一部分）同志所中的党八股的毒，所犯的教条主义的错误，如果不除去，那末，生动活泼的革命精神就不能启发，拿不正确态度对待马克思主义的恶习就不能肃清，真正的马克思主义就不能得到广泛的传播和发展；而对于老八股和老教条在全国人民中间的影响，以及洋八股和洋教条在全国许多人中间的影响，也就不能进行有力的斗争，也就达不到加以摧毁廓清的目的。"②

　　马克思主义的文风应该反对什么、坚持什么，为什么反对、为什么坚持，在毛泽东这里是非常鲜明的。他十分生动形象地分析了党八股的几种表现。

　　"党八股的第一条罪状是：空话连篇，言之无物。我们有些同志欢喜写长文章，但是没有什么内容，真是'懒婆娘的裹脚，又长又臭'。为什么一定要写得那么长，又那么空空洞洞的呢？只有一种解释，就是下决心不要群众看。因为长而且空，群众见了就摇头，哪里还肯看下去呢？只好去欺负幼稚的人，在他们中间散布坏影响，造成坏习惯。"③ 毛泽东在这里可谓一针见血，长而空的文章，是不打算让人仔细看的，要么是为了完成任务的应景之作，要么是不谈具体内容

----

① 《毛泽东选集》第 3 卷，人民出版社 1991 年版，第 830 页。

② 同上书，第 832—833 页。

③ 同上书，第 833—834 页。

>>>

的糊弄之作。因此,群众不愿看,看了的人反而受坏的影响。

"党八股的第二条罪状是:装腔作势,借以吓人。有些党八股,不只是空话连篇,而且装样子故意吓人,这里面包含着很坏的毒素。空话连篇,言之无物,还可以说是幼稚;装腔作势,借以吓人,则不但是幼稚,简直是无赖了。鲁迅曾经批评过这种人,他说:'辱骂和恐吓决不是战斗。'科学的东西,随便什么时候都是不怕人家批评的,因为科学是真理,决不怕人家驳。主观主义和宗派主义的东西,表现在党八股式的文章和演说里面,却生怕人家驳,非常胆怯,于是就靠装样子吓人;以为这一吓,人家就会闭口,自己就可以'得胜回朝'了。这种装腔作势的东西,不能反映真理,而是妨害真理的。凡真理都不装样子吓人,它只是老老实实地说下去和做下去。"① 毛泽东当然是反对文章和讲话装腔作势、装神弄鬼来吓唬人,这样的文章其实是科学性不够、实用性不够、真理性不够,因此要靠其他东西来撑腰,这样的文章就是要使人"敬而远之"。殊不知,真正有水平的文章,文风朴实,但因为靠着马克思列宁主义,靠着实事求是,靠着科学,反而是有益的、大受欢迎的。

"党八股的第三条罪状是:无的放矢,不看对象。……做宣传工作的人,对于自己的宣传对象没有调查,没有研究,没有分析,乱讲一顿,是万万不行的。"② 写文章、讲话也要因人而异,给什么人看、什么人听,不仅要人家看得懂、听得懂,而且要有兴趣看下去、听下去。否则写出来的东西就是自己主观臆想的,不符合读者和听众的需要和喜好,就会不招人待见。

"党八股的第四条罪状是:语言无味,像个瘪三。……我们是革命党,是为群众办事的,如果也不学群众的语言,那就办不好。现在我们有许多做宣传工作的同志,也不学语言。他们的宣传,乏味得很;他们的文章,就没有多少人欢喜看;他们的演说,也没有多少人欢喜听。"③

---

① 《毛泽东选集》第 3 卷,人民出版社 1991 年版,第 834—835 页。

② 同上书,第 836—837 页。

③ 同上书,第 837 页。

文章的内容固然很重要，但语言的表现形式同样需要注意。枯燥乏味的语言、重复啰嗦的语言、死气沉沉的语言没有人喜欢。我们既反对政治观点错误的艺术品，也反对只有正确的政治观点而没有艺术力量的所谓"标语口号式"的倾向。毛泽东认为，我们首先要向人民群众学习语言。人民的语汇是很丰富的，生动活泼的，表现实际生活的。文艺工作者的思想感情和工农兵大众的思想感情要打成一片。而要打成一片，就应当认真学习群众的语言。如果连群众的语言都有许多不懂，还讲什么文艺创造呢？英雄无用武之地，就是说，你的一套大道理，群众不赏识。在群众面前把你的资格摆得越老，越像个"英雄"，越要出卖这一套，群众就越不买你的账。其次，要从外国语言中吸收我们所需要的成分。但不是硬搬或滥用外国语言，是要吸收外国语言中的好东西，于我们适用的东西。最后，我们还要学习古人语言中有生命的东西。由于我们没有努力学习语言，古人语言中的许多还有生气的东西我们就没有充分地合理地利用。

"党八股的第五条罪状是：甲乙丙丁，开中药铺。……现在许多同志津津有味于这个开中药铺的方法，实在是一种最低级、最幼稚、最庸俗的方法。这种方法就是形式主义的方法，是按照事物的外部标志来分类，不是按照事物的内部联系来分类的。单单按照事物的外部标志，使用一大堆互相没有内部联系的概念，排列成一篇文章、一篇演说或一个报告，这种办法，他自己是在做概念的游戏，也会引导人家都做这类游戏，使人不用脑筋想问题，不去思考事物的本质，而满足于甲乙丙丁的现象罗列。"① 写文章不是现象的堆砌，不是概念的游戏，而是应有其内在的逻辑和连贯性，这需要周密的调查工作和研究工作，观察问题、提出问题、分析问题、解决问题，作为一个系统的工作，写出来的文章才有实质内容，才能有用于实际。

"党八股的第六条罪状是：不负责任，到处害人。……许多人写文章，做演说，可以不要预先研究，不要预先准备；文章写好之后，也不多看几遍，像洗脸之后再照照镜子一样，就马马虎虎地发表出去。

① 《毛泽东选集》第3卷，人民出版社1991年版，第838—839页。

其结果，往往是'下笔千言，离题万里'，仿佛像个才子，实则到处害人。这种责任心薄弱的坏习惯，必须改正才好。"① 这里讲的是写文章的态度问题。一个人如果不对自己写的文章负责，对自己写的文章没有责任感，那么他完全可以信口开河，乱说一通，结果什么样的错误都可能犯。这种态度既害己又害人。

"第七条罪状是：流毒全党，妨害革命。第八条罪状是：传播出去，祸国殃民。这两条意义自明，无须多说。这就是说，党八股如不改革，如果听其发展下去，其结果之严重，可以闹到很坏的地步。党八股里面藏的是主观主义、宗派主义的毒物，这个毒物传播出去，是要害党害国的。"② 就像毛泽东所认为的，党八股这个形式，不但不能表现出革命精神，而且非常容易使革命精神窒息。要使革命精神获得发展，必须抛弃党八股，采取生动活泼、新鲜有力的马克思列宁主义的文风。

毛泽东还提倡写文章要认真删改。他说："孔夫子提倡'再思'，韩愈也说'行成于思'，那是古代的事情。现在的事情，问题很复杂，有些事情甚至想三四回还不够。鲁迅说'至少看两遍'，至多呢？他没有说，我看重要的文章不妨看它十多遍，认真地加以删改，然后发表。文章是客观事物的反映，而事物是曲折复杂的，必须反复研究，才能反映恰当；在这里粗心大意，就是不懂得做文章的起码知识。"③ 毛泽东在谈及报纸时指出，应多载些生动的文字，切忌死板、老套，令人看不懂、没味道、不起劲。报刊编辑应当向作者提出写生动文章的要求，并且帮助作者修改文章。

以上是毛泽东关于文风问题的一些基本论述，涵盖了文章写作的各个方面，今天看来，仍闪烁着智慧的光芒，值得人们学习和遵循。

学风、文风与党风的关系。党风，即党和党员的作风，是党的世界观、方法论在实际行动中的表现，是党在思想、政治、组织、工作

---

① 《毛泽东选集》第 3 卷，人民出版社 1991 年版，第 840 页。

② 同上。

③ 同上书，第 844 页。

和生活等各个方面的态度和行为，体现了党的性质和宗旨，有什么样的党就会有什么样的党风。党风与党员的思想作风、工作作风、生活作风和学习作风等密切相关。因此，党的作风关系到人心的向背，影响着社会风气，决定着党的命运。在中国共产党内，最早提出党风概念并系统地论述党风问题的是毛泽东。1942 年，在《整顿党的作风》中，毛泽东指出，只要共产党的作风完全正派了，全国人民就会跟着学。他把党的作风从党员个人扩展到党的各级组织，将其由一般的工作作风扩展到涉及思想、政治、经济、军事、工作、生活等各个方面。在《论联合政府》等著作中，毛泽东强调了"理论联系实际"、"密切联系群众"、"批评与自我批评"三大党的优良作风。建国前后，毛泽东又号召全党同志继续保持谦虚谨慎和艰苦奋斗的作风，反对脱离群众，反对官僚主义、主观主义等作风。

文风是学风在语言文字上的反映，学风不好，文风也好不到哪儿去，优秀的学风能带来优秀的文风，所以文风的改变首先需要学风的改变。其次，文风对学风具有一定的反作用。文风表现在文章、讲话之中，我们的党员同志通过对文章的学习，可以受其文风的影响。好的文风能弘扬党在思想、政治、组织、工作和生活等各个方面正确的马克思主义的态度和行为，反之，文风不正则使得党在各个方面对待马克思主义的态度和行为发生偏颇，如果马克思主义的学风被主观主义的学风压制，无疑会阻碍革命和建设的顺利进行。

学风和文风，其实都是党风的反映，有什么样的党风，这个党就会呈现什么样的学风和文风。因此，无论什么时候、什么情况下，都要坚持学风、文风、党风一起抓。"三风"作为同一个问题的不同层面，合起来就是有机统一的整体，文风、学风出问题，党风必然出问题，文风和学风是党风的具体表现。党风不好，必然体现在学风、文风上。不能就学风谈学风、就文风谈文风，而要三者统一起来，通盘考虑，综合分析，才能对症下药，从根本上解决问题。毛泽东提倡开展延安整风，反对主观主义以整顿学风，反对宗派主义以整顿党风，反对党八股以整顿文风，就是科学地认识到了三者的关系，故而把三者统筹起来一并解决和推进的。

学风、文风建设是党风建设的思想保障，坚持马克思主义学风，即坚持理论联系实际，实事求是，注重调查研究，坚持群众路线，这些方面做到了，自然就可以树立好的党风。好的学风，好的党风，有利于促进全党学习掌握马列主义基本立场、观点和方法，有利于科学地将马列主义基本原理同中国的实际情况相结合，有利于中国革命和建设的顺利开展。而中国共产党是中国工人阶级的先锋队，同时是中国人民和中华民族的先锋队，是中国特色社会主义事业的领导核心，代表中国先进生产力的发展要求，代表中国先进文化的前进方向，代表中国最广大人民的根本利益，党的这种性质决定其必须坚守马克思主义的学风观、文风观，其所体现出来的必须是科学的、民族的、大众的文化。

在思想上，坚持马克思主义学风、文风，有利于全党用无产阶级思想去克服和改造党员的非无产阶级思想；有利于用马克思主义理论武装全党；有利于促进马克思主义基本原理同中国实际和时代特征的结合。在政治上，坚持马克思主义学风、文风，有利于党运用马克思主义的理论和方法，制定科学的纲领、路线、方针、政策，并用这些纲领、路线、方针和政策去教育党的干部和全体党员，使他们能够在政治行动上同党中央保持一致性，坚持正确的方向。在组织建设上，坚持马克思主义学风、文风，有利于党员干部坚定马克思主义立场，正确对待马克思列宁主义，坚持理论联系实际，坚持实事求是开展革命建设工作。

中国共产党的学风建设、文风建设和党风建设是在中国共产党的革命和建设事业中逐步形成发展的，是马克思主义基本原理在中国的实际运用的产物，是中国共产党革命建设的工作指南、工作准则和工作方法，三者是有机的统一体。我们在加强学风建设的同时，必须很好地将其与文风建设、党风建设有机地结合起来，坚持理论联系实际，实事求是，促进我国现代化建设的顺利前行。

毛泽东的学风文风实践

　　毛泽东作为中国共产党第一代领导集体的核心,从韶山冲的普通农家子弟走向大国领袖,波澜壮阔的人生历程书写下了为世人叹为观止的历史功勋。毛泽东领导的中国革命、建设事业的成功是与他一生所秉持并践行的优秀学风文风分不开的。这一历程也就是毛泽东学习中国传统优秀文化精华,深入学习并坚守马克思主义的过程。除了求知于有字之书、苦读书本典籍以外,毛泽东秉持湖湘文化经世致用、敢为人先的思想,坚持马克思主义实事求是的学风,有的放矢,走进群众当中,开展调查研究,把马克思主义的普遍原理与中国革命的具体实际相结合,将理论的精华转化为指导中国革命与建设实际的最强有力的精神动力。在文风的表现形式上,毛泽东的文章是五四以来白话文的典范,从文章的行文表现形式上准确明白、生动形象、简洁凝练、质朴自然,其所阐发的道理深刻,创新出彩,发人所未发,言常人所不能言,展现出一代文章大家特有的学风文风风范。在本章中将从几个层面逐次评析毛泽东同志的学风文风实践。

（一）广学博用中国传统文化

出生地对于每个人来说都十分重要，因为那是一个人走上人生之路的文化之根。湘潭韶山冲作为湖南的一个地方，本身打上了深刻的湖湘文化印记，由于产生了一代伟人毛泽东，韶山冲曾引起人们的普遍关注。韶山地处湘江中游，湘潭、宁乡、湘乡三县交界处，是荆楚文化向"苗蛮"文化的过渡区，为春秋战国时期中国文化的南端。相传新石器时代的舜帝曾经南巡于此，需要特别提出的是舜帝征服此地使用的不是武力，而是制作韶乐，终于导致百鸟来仪，民归教化。而在中国近代史上，在韶山冲有几十人参加湘军，有多人擢升成为将领，这些人成为韶山人学习的榜样，"忠义血性"也成为当地最有特色的文化气质。毛泽东生活在这样一个特殊的文化环境里，从小便树立了学有所成并最终成为于国于家有益的人的雄心壮志。毛泽东的父亲毛贻昌，克勤克俭、意志坚强、精明能干，身上具有中国传统农民所具有的优秀品质，通过多年奋斗摆脱贫困的毛贻昌对作为长子的毛泽东寄予厚望。在毛泽东8岁的时候，毛贻昌将其送到本地的私塾读书，其目的是让儿子能够识文断字，能够打算盘，以便将来继承自己的家业，让家族走向兴旺。以此为起点，毛泽东开始了自己的学习型人生。

1936年美国记者埃德加·斯诺到访延安，在与毛泽东的交谈过程中，希望毛泽东能够对其早年的学习生活经历进行简单的追忆，以能够更好地完成对于毛泽东传记的写作。毛泽东本人原来并不愿意回忆这些事情，尤其是不愿意将这些事情写进书中，传至后人。但是，由于斯诺的再三坚持，毛泽东最终对这一段经历进行了追忆，成为后人研究毛泽东早年求学经历的重要依据。韶山纪念馆也将毛泽东早年的学习经历作为重要的课题进行研究，他们经过多年调查搜集，基本上复原了毛泽东早年的求学历程。根据两种不同渠道史料的佐证，可以大致概括出毛泽东早年的学习生活经历。毛泽东8岁以前，寄居在湘乡外祖父家里。毛泽东的外祖父家是一个家境颇为殷实的四世同堂的大家庭，家中设有私塾，专门聘请先生教授本家子弟。少年毛泽东便凭借这样的资源，常去"旁听"。由于天性聪慧，耳濡目染，几年下来，毛泽东便能背诵一些课文，还能认识一些字。毛泽东8岁回到韶山，开始在韶山附近的私塾学习生活。从1902年到1906年，毛泽东先后在韶山附近四个私塾上过学。1902年在韶山南岸，启蒙老师邹春培；1904年在韶山关公桥，塾师毛咏生；1905年至1906年夏，在韶山桥头湾、钟家湾，塾师周少希；1906年秋，在井湾里，塾师毛宇居。

少年时期的私塾生活，对于毛泽东的一生无疑打下了较为坚实的文化基础，特别是中国传统文化中忠义仁爱等优秀文化基因的熏染更是直接影响了毛泽东一生的价值取向。中国传统文化的少年蒙训多是从《三字经》《百家姓》《千字文》《千家诗》《增广贤文》等书目开始。毛氏家族认为，《百家姓》《增广贤文》是俗书，是不值得一学的。所以毛泽东的少年启蒙是从《幼学》开始的，但是毛泽东对《增广贤文》之类的书籍却特别垂青。因为这些书籍文字合辙押韵、读来朗朗上口，便于记诵。特别是《增广贤文》中含有众多世事沧桑、世态炎凉成分的描写，更是学生学习和掌握社会实际状态的基础性材料。"路遥知马力，日久见人心"、"长江后浪推前浪，一代新人换旧人"就是这种句式和意蕴的生动体现。后来毛泽东又读了《大学》《论语》《中庸》《孟子》，对这些书毛泽东都熟读能诵。中国传统文化中修身、齐家、治国、平天下的传统士大夫思维模式，虽有属于封建思想的成分，甚至其中还不乏封建迷信的成分，但是这些书籍在传授文化知识、进行人生教育与生活教育方面却有着不可忽视的作用。虽说当时的教育是属于传统的死记硬背式的"填鸭式"教学，但是这些教育内容必或多或少地影响毛泽东的价值取向。虽说心性之学只有当一个人的人生阅历达于一定的高度才能真正理解，但是作为一种文化的"种子"已经在毛泽东的心中生根。传统社会的价值取向和湖湘文化经世致用、不尚空谈的思想，在一定程度上又有较强的契合度。毛泽东在后来的求学历程中，为了探求改造社会、救民于水火的真理，虽说曾经遵循过不同的学术流派，但是传统文化的熏染对于毛泽东而言具有奠基的意义。毛泽东后来回忆这一段历史时曾说道："我过去读过孔夫子的书，读了四书、五经，读了6年。背得，可是不懂。那时候很相信孔夫子，还写过文章。"传统文化对于毛泽东的影响可见一斑。

在此后的革命生涯中，毛泽东与历史、与中国的传统文化结下了不解之缘。无论是在革命战争时期，还是在建国以后处理内政外交过程中，凡是与毛泽东接触过的人无不为毛泽东深厚的学识所折服。

早在毛泽东青年时期，就有感于"国力苶弱，武风不振，民族之体质，日趋轻细。此甚可忧之现象也"，提笔写下《体育之研究》。在该文中毛泽东提到庄子效法庖丁解牛、孔子重视骑射之术以达到强身健体的目的。对于普通民众而言，毛泽东则引用了众多地方文化的因素加以说明，"惟北方之强，任金革死而不厌。燕赵多悲歌慷慨之士。烈士武臣，多出凉州。清之初世，颜习斋李刚主文而兼武。习斋远跂千里之外，学击剑之术于塞北，与勇士角而胜焉。故其言曰：'文武缺一岂道乎?'顾炎武南人也，好居于北，不喜乘船而喜乘马。此数古人者，皆可师者也。"在毛泽东看来，一个人若是不重视体育，提高身体素质，即便有再大的才干最终也不会有美满的结局。颜渊、贾谊、王勃、卢照邻都是名噪一时的才学之士，但是由于身体孱弱，最终留下遗憾。

在毛泽东思想的成长、成熟阶段，毛泽东更是多次运用传统文化的精华，古为今用。翻开《毛泽东选集》我们发现，毛泽东熟练运用中国传统文化的典籍故事来说明问题，旁征博引、恰到好处。对于《左传》《易经》《礼记》《老子》《庄子》《孟子》《孙子兵法》《列子》《史记》《汉书》《资治通鉴》都有提及运用。对于中国历史上的一些著名的战例，如楚汉的成皋之战、新汉昆阳之战、袁曹官渡之战、蜀汉彝陵之战、秦晋淝水之战，毛泽东在其著作中多有论及。1945年，抗日战争即将胜利，中国人民盼望能有一个和平的国家环境来尽快重建家园、医治战争创伤。为此，中国共产党召开了具有历史意义的党的第七次代表大会，在这次会议上，毛泽东作了《论联合政府》

的报告，强调"中国急需把各党各派和无党无派的代表人物团结在一起，成立民主的临时的联合政府，以便实行民主的改革"①。但是当时以蒋介石为首的国民党顽固势力，能答应全国人民的恳切要求吗？毛泽东认为中国共产党已经克服了很大的困难，将来还要克服更大的困难，面对这些困难，就要求全党同志一如既往的奋斗。毛泽东在大会闭幕式上作了《愚公移山》的报告。愚公移山这则寓言故事来自于《列子·汤问》，毛泽东把帝国主义和封建主义比作摆在中国人民面前的两座大山，只要人民下定决心挖山不止，就一定能够最终搬走这两座大山。毛泽东活用历史典故，赋予古老的故事以时代的新意，使其焕发出崭新的意蕴。

毛泽东作为一位诗人，在其革命战斗的一生中留下了众多的诗作。这些诗作更集中地体现了毛泽东对于中国传统文化的深刻把握和娴熟运用。在著名的诗词《沁园春·雪》中，毛泽东历数中国古代最有建树的封建帝王，诸如秦皇汉武、唐宗宋祖、成吉思汗等，品定其历史的功过得失，最终得出结论，当代的革命者是胜过帝王将相的"风流人物"。在毛泽东诗作《贺新郎·读史》中，他这样写道："人猿相揖别。只几个石头磨过，小儿时节。铜铁炉中翻火焰，为问何时猜得？不过几千寒热。人世难逢开口笑，上疆场彼此弯弓月。流遍了，郊原血。一篇读罢头飞雪，但记得斑斑点点，几行陈迹。五帝三皇神圣事，骗了无涯过客。有多少风流人物？盗跖庄蹻流誉后，更陈王奋起挥黄钺。歌未竟，东方白。"毛泽东以其广阔胸怀用寥寥数语将中国历史进行了精当的点评。需要特别指出的是毛泽东本人不是职业文学家，他写诗的目的也不在于展现自己的文学才华，而是诗以言志。其中，"人世难逢开口笑，上疆场彼此弯弓月"一句，前半句用唐杜牧《九日齐山登高》句："尘世难逢开口笑"，后半句用北宋苏轼的《江城子·密州出猎》："会挽雕弓如满月。"作者用古代诗句，写出了人类历史的发展进步历程中充满了各种苦难和斗争，中国革命胜利，犹如旭日东升，势必光芒万丈，表现了作为伟大的革命家所独有的乐观主

---

① 《毛泽东选集》第3卷，人民出版社1991年版，第1029页。

义精神。

　　毛泽东在日常的谈话、讲话中，也常常会用到一些历史知识，将深奥道理讲得浅显易懂，给人以深刻的启迪。1942年，延安整风时期，毛泽东应邀到鲁艺为学员作辅导报告。当时的很多知识分子怀揣救国救民的志向纷纷从大城市走向延安，在那里寻找革命的真理。但是，当时陕北地区群众的知识层次相对较低，象牙塔里的阳春白雪显然不能适应乡村社会的下里巴人。这些城里下来的知识分子产生了文学艺术的立场、对象、态度等方面的疑惑和迷茫。毛泽东在讲演中，运用了柳宗元的《黔之驴》的故事，而且颇有新意地把知识分子比作新来到黔地的毛驴，而当地的老百姓则是本地的小老虎。开始的时候小老虎不敢去接触新到的庞然大物"毛驴"，可是后来却发现毛驴的本事其实很一般，于是就把它吃掉了。以此说明，知识分子不能摆臭架子，如果不走到人民群众当中，最终只会像黔地的毛驴一样走向失败。所以知识分子要进行深刻的思想改造，拜人民为师，将文艺为工农兵服务作为自己的出发点，写出符合时代和群众要求的文艺作品。1962年，在扩大的中央工作会议上，毛泽东教育党内的干部，要特别注重听取下级和普通民众的意见，健全民主集中制。毛泽东在会议上为与会同志讲述霸王别姬的故事，刘邦"豁达大度、从谏如流"，最终在楚汉争雄中胜出。项羽自恃有"力拔山兮"的武功，不愿意广泛听取群众的建议，最终只会走向失败。他告诫说："我们现在有些第一书记，连封建时代的刘邦都不如，倒有点像项羽……这些同志如果总是不改，难免有一天要'别姬'就是了。"毛泽东这种寓庄于谐的政治语言风格，展示出其特有的政治魅力，富有很强的感染力。

　　1972年，伴随着小球推动大球的"乒乓外交"的开展，中美两国冰冻的大国关系开始走向缓和。日本首相田中角荣紧随美国之后也与中国建立外交关系。中国与日本一衣带水，中日交往两千多年，既互相了解，又恩怨颇多。田中角荣在中方欢迎宴会上谈及日本侵华战争时使用了日文"迷惑"一词，即中文"添了麻烦"的意思。田中的这一用词无疑带有轻描淡写的意思。毛泽东指出："年轻人坚持说'添了麻烦'这样的话不够分量。因为在中国，只有像出现不留意把水溅到妇女的裙子上，表示道歉时才用这个词。"日本侵华时期，烧杀抢掠、无恶不作，中国人民饱受战乱之苦，田中的这一表态显然是不适宜的。毛泽东送给田中角荣的礼品是《楚辞集注》，《九辩》篇中有"慷慨绝兮不得，中瞀乱兮迷惑"，那才是"迷惑"一词的源头。

对于毛泽东熟练运用中国传统文化精华，古为今用，推陈出新的学风实践，周恩来曾经在《学习毛泽东》一文中有过明确的论述："毛主席开始很喜欢读古书，现在做文章、讲话常常运用历史经验教训，运用的最熟练。读古书使得他的知识更广更博，更增加了他的伟大。"美国前总统尼克松称赞"毛泽东是一代伟大的革命领导人中的一位出类拔萃的人。他不仅是一个完全献身的、注重实际的共产党人，而且他也是一位对中国人民的历史造诣很深的富有想象的诗人"。

（二）深学活用马克思列宁主义

毛泽东是一位坚定的马克思主义者，他的一生是为共产主义事业奋斗拼搏的一生。在毛泽东的思想发展过程中，也经历了一个比较、借鉴和最终确定马克思主义信仰的过程。

为寻找真理选择马克思主义。毛泽东早年走出韶山时，为了表达自身高尚的志向，曾经抄录了日本诗人西乡隆盛的诗句给其父亲以言志，"孩儿立志出乡关，学不成名誓不还。埋骨何须桑梓地，人生无处不青山"。而在此后的人生求学处世过程中毛泽东也一直践行着这样的誓言，并最终找到了救国救民的道路，找到了真理，并确立了信仰。从韶山冲走来的毛泽东不管环境如何变化，条件多么艰苦，他始终没有放弃对于真理的追求，刻苦攻读，不断求索，将最美好的青春年华用在储备知识，增长才干，寻找"大本大源"，确定救国救民的"主义"上。毛泽东早年求学期间有一个外号叫作"毛奇"，关于这一名称的来历并没有统一的定论，一种说法认为毛泽东当时崇拜德国的陆军元帅毛奇，希望在未来的人生旅途中能够建功立业，所以用名人之名以自励；另一种说法是毛泽东早年便立志要做天下奇男子，读奇书，做奇文，成奇事，做奇人。毛泽东在长沙求学期间，就定下了"三不谈"的规矩，即一不谈金钱；二不谈身边琐事；三不谈男女方面的问题。毛泽东的同学对他的做法啧啧称奇，誉之为"身无分文，心忧天下"。毛泽东在此后的革命生涯中建立了旷世奇功，为后人所尊崇，这是后话，但是早年毛泽东便在自己的生活成长经历中展现着与旁人不一样的思维及生活习惯，确为时人所称道。

毛泽东由一个民主主义者成长为一名坚定的马克思主义者的时间，大概是在 1920 年前后。毛泽东接触到的第一本马克思主义的著作是《共产党宣言》。以此为起点，毛泽东确立了坚定的马克思主义信仰，并在此后的革命生涯中一直坚持不断地学习马克思主义的经典著作，吸收最先进的思想。需要指出的是，毛泽东对这些书籍并不盲从，他坚持用这些书中的基本原理来分析中国社会和指导中国革命的具体问题。在阅读了《共产党宣言》以后，书中所提及的"他们的目的只有用暴力推翻全部现存的社会制度才能达到。让统治阶级在共产主义革命面前发抖吧。无产者在这个革命中失去的只是锁链，他们获得的将是整个世界"，让毛泽东认识到人类社会阶级斗争的巨大作用，并初步找到了利用阶级立场来分析问题和解决问题的基本方法。

伴随着湖南共产主义小组的成立，毛泽东成了一位马克思主义者。

为指导革命战争实践不断学习马克思主义的经典著作。中国共产党在领导中国革命斗争的前期实践中，曾经走过不少的弯路。这些挫折与中国共产党对于中国的具体情况研究不够透彻有关，而中国革命的特殊性和复杂性又使得这一认识过程显得更加艰难。中国工人阶级及其先锋队缺乏早期的理论准备，因此，在斗争过程中，不断学习马克思主义的经典论著，并将其基本原理与中国的具体实际相结合，就成为中国共产党人的必需。

就毛泽东本人而言，在大革命时期，他所接触到的马克思主义的著作也是比较少的。他本人也多是从别人的文章引注中知道诸如列宁的《国家与革命》的部分论述，对于系统的马克思主义经典著作的学习，则是一件比较奢侈的事情。土地革命战争时期，由于国民党反动派的包围和封锁，身处井冈山地区的毛泽东难以找到一些马克思主义书籍。当时中国共产党内部的"左"倾思想严重，特别是一些在苏联留学归国的人员，倚仗其海外留学的背景，动不动就运用马克思主义的教条和本本来指导中国革命实践，下车伊始就哇啦哇啦地乱发议论，给革命带来了巨大危害。面对这种状况，毛泽东发表了自己的观点："中国革命斗争的胜利要靠中国同志了解中国情况"，"共产党的正确而不动摇的斗争策略，绝不是少数人坐在房子里能够产生的，它是要在群众的斗争过程中才能产生的，这就是说要在实际经验中才能产生"。[①] 但是毛泽东也清醒地认识到，有必要加强马克思主义经典的学习和运用，必须用马克思主义的经典来解释中国革命道路，说明道理，团结同志，以利于革命工作的开展。

1929 年 10 月，毛泽东在上杭县苏家坡休养，11 月 28 日毛泽东写信给中共中央。在书信中，毛泽东表达了想阅读一些马克思主义书籍的迫切愿望，在书信中附上了一张书单，并叮嘱说"我们望得书报如饥似渴，务勿以小事弃置"，毛泽东渴望马列书籍的心情由此可见一斑。1932 年，工农红军攻打下了福建省第二大城市漳州，时任漳州中心县委秘书长的曾志便陪同毛泽东到漳州中学（当时称为龙溪中学）去寻找一些马列方面的著作。这些书籍中，比较重要的有《两种策略》（即《社会民主党在民主革命中的两种策略》）、《"左派"幼稚病》（即《共产主义运动中的"左派"幼稚病》）和《反杜林论》（得到《反杜林论》一书的说法主要是依据彭德怀的回忆）。其中的《两种策略》和《"左派"幼稚病》作为列宁的代表性著作，尤其为毛泽东爱读。后来长征途中，毛泽东一直将这两本书带在身边。在延安时期，毛泽东又反复阅读了这两本书。至于为什么毛泽东这么喜爱这两本书，毛泽东在将这两本书交给彭德怀阅读时，曾经写下了这样的话：这两本书要是在大革命时期阅读就不会犯错误。这句话可能在不经意间说出了毛泽东喜爱这两本书的原因。对于列宁的著作毛泽东表现出特别的喜爱。在毛泽东看来，相对于马克思主义的经典论著来说，列宁的作品诞生于社会主义革命在一国取得胜利的实践当中，这对于正

---

① 《毛泽东选集》第 1 卷，人民出版社 1991 年版，第 115 页。

处于半殖民地半封建社会的中国革命现实而言，具有更强的针对性和借鉴性。而列宁在革命战争时期的作品，生动活泼，充满战斗主义的激情，也与毛泽东本人革命乐观主义的情怀相一致。

在延安时期，中国革命面临着许多的新情况和新问题。1942年春天，中国人民的抗日战争处于极端困难的时候，陕甘宁边区以及全国其他地区的抗日根据地面临的困难前所未有。一方面要面对日军疯狂"扫荡"，另一方面又要想尽一切办法突破国民党反共顽固派的重重包围、封锁。这一时期，华北等地又连续几年发生水、旱、蝗等严重自然灾害，抗日根据地面临极端的财政经济困难。这个时候如果不能在思想上彻底清算历史遗留下来的思想问题，就会有最终导致失败的危险。1935年遵义会议以后，以王明为首的"左"倾机会主义错误在党内已经不占有统治地位。但是，由于"左"倾错误思想披着马克思主义的外衣，具有很大迷惑性，很多同志还没有在思想上与"左"倾思想彻底决裂，主观主义、宗派主义、党八股在党内普遍盛行，延安时期大批新党员的加入使得党内的非马克思主义思想或多或少的存在。如果不能彻底清算这种错误思想，对于中国共产党过去所走过的历史不进行科学系统的总结，就不能在思想上、政治上、组织上彻底清除"左"倾的危害，建立起一支完全的马克思主义政党，就不能迎接未来中国革命艰苦斗争的考验，不能领导中国革命走向胜利。因此，在全党范围内进行一次普遍的马克思主义教育运动显得尤其重要。为了胜利完成党内的马克思主义教育运动，毛泽东在延安发动了具有历史意义的整风运动。

为了更好地开展马克思主义整风运动，毛泽东广泛搜集马克思主义的经典书籍，在对王明的"左"倾路线展开批判的时候，毛泽东更是集中精力发奋攻读马恩列斯的著作。毛泽东还组织大量人力翻译马恩列斯的原著。毛泽东认为，中国共产党是具有丰富斗争经验的党，但如果不能从理论的高度总结我们的经验教训，就会犯经验主义错误。通过阅读大量的马克思主义经典著作，能大大提高对于以往革命斗争历史的研究判断能力，从而对现实的局势有一个清醒的认识。毛泽东要求每一名共产党员都要阅读马克思主义的经典著作，党的领导干部特别是高级领导干部尤其应当做带头学习马克思主义的典范。为此毛泽东专门为大家开列了应该学习的马克思主义著作书单。在党的七大上，毛泽东又特别提出应当学习的五本马列主义经典著作。在七届二中全会上毛泽东又将必读书目增加至 12 本。

新中国成立后，进行大规模经济建设是一个崭新的课题，向苏联学习建设的经验和教训显得尤其重要。特别是在 1958 年，"大跃进"出现重大失误，毛泽东写信建议大家要读两本书，即斯大林的《苏联社会主义经济问题》和《马恩列斯论共产主义社会》。毛泽东提醒大家要联系中国社会主义经济建设的实际情况去读，为的是更好地开展经济工作。后来的岁月中毛泽东又不断地开列出了很多书籍，要求大家有计划地在几年之内读完。

活学活用，将马克思主义中国化。中国共产党是一个十分重视马克思主义理论学习的政党。马克思主义是真理，但如果仅仅是坚持马克思主义的本本，把马克思主义教条化，生搬硬套指导中国革命必然会给革命工作带来很大的危害。事实上在中国革命过程中，确实犯有这样的错误。马克思主义中国化的过程经历了一个漫长的探索过程，毛泽东作为具有深厚学养的中国共产党人，能够较早地认识到应将马列主义基本原理与中国革命的具体实际相结合。

1927 年大革命失败，到 1937 年抗日战争全面爆发的十年间，在中国共产党历史上称之为十年土地革命战争时期。这一时期，党内不断发生"左"和右的错误。毛泽东一开始就对"左"和右的错误路线进行了批评，并提出了正确的建议。在这一时期，毛泽东先后发表《中国的红色政权为什么能够存在？》《井冈山的斗争》《星星之火，可以燎原》等文章。毛泽东认为由于中国的半殖民地半封建社会的性质，政治、经济、文化等多个方面的发展不均衡，这决定了中国革命的性质是资产阶级民主革命的性质。在中国的白色恐怖四面包围的现实中，革命的敌人异常强大，因此，革命具有长期性、复杂性的特点。同时，由于中国的半殖民地半封建社会的性质，也决定了中国可以有一小块或是若干小块的红色政权可以存在。出现这种状况的原因在于，帝国主义和买办豪绅所支持的各派新旧军阀之间进行着不间断的战争，中国的工农红军能够在其中的薄弱环节找到合适的存在空间。相当数量的正式红军的存在，中国共产党的领导，是工农武装割据存在的重要依据。

针对中国革命的特点，毛泽东创造性地提出，中国革命的正确道路应该是：农村包围城市，武装夺取政权。革命的队伍要准备积蓄和锻炼自己的力量，并避免在力量不足的时候和强大的敌人作最后的斗争。在创建农村革命根据地的过程中，毛泽东认为，要把中国的广大农村改造成为军事上、政治上、文化上的伟大的阵地，借以反对强大的敌人，借以在长期的战斗中最终取得革命的胜利。

在这一斗争过程中，中国共产党尤其要加强党的建设工作。毛泽东认为，在大革命、土地革命和抗日战争时期，中国共产党领导了不同的革命斗争。其中，有成功的经验，也有失败的教训。中国共产党的建设过程也就是党的发展、巩固和布尔什维克化的过程，这一过程经历了三个不同的成长阶段。这三个阶段的发展历程也就是中国共产党不断根据中国历史状况和社会状况、中国革命的特点将马克思主义普遍原理与中国革命的具体实际相结合的过程。如果结合的好，革命就会胜利前进；否则，革命工作就会受挫折。

毛泽东对于马克思主义的学习和运用始终坚持以实践为导向，用马克思主义的基本原理回答中国革命的具体问题。在井冈山时期，有人提出了"红旗到底能够打多久"的疑问，毛泽东写下了《星星之火，可以燎原》。他说："但我所说的中国革命高潮快要到来，决不是如有些人所谓'有到来之可能'那样完全没有行动意义的、可望而不可即的一种空的东西。它是站在海岸遥望海中已经看得见桅杆尖头了的一只航船，它是立于高山之巅远看东方已见光芒四射喷薄欲出的一轮朝日，它是躁动于母腹中的快要成熟了的一个婴儿。"[①] 毛泽东对于革命形势的崭新的论断，大大提升了井冈山军民的斗争热情。针对当时党内迷信盛行、不注重调查研究的做法，毛泽东强调指出，"马克思主义的'本本'是要学习的，但是必须同我国的实际情况相结合。

---

① 《毛泽东选集》第 1 卷，人民出版社 1991 年版，第 106 页。

我们需要'本本'，但是一定要纠正脱离实际情况的本本主义"①。对于一些同志不注重经济工作，单纯的军事主义的观点，毛泽东依据物质决定意识的原理，指出经济工作这一物质条件对于战争的重要性，他说服大家："如果不进行经济建设，革命战争的物质条件就不能有保障，人民在长期的战争中就会感觉疲惫。"② 经济工作要和革命战争工作相结合，创造出服务于战争的经济条件。针对抗战初期亡国论和速胜论的甚嚣尘上，毛泽东运用马克思主义的历史唯物主义原理分析了中日两国的特点，指明中国抗日战争的前途是经过长期的持久战争，中国将会最后赢得这场战争的胜利。在抗日战争即将胜利的时刻，中国共产党第七次全国代表大会召开了，对于将来中国向何处走，中国的命运如何，成为全国人民最关心的问题。面对两个中国命运之交锋，毛泽东运用马克思主义的基本原理并结合中国新民主主义革命的实际指出："需要在广泛的民主基础之上，召开国民代表大会，成立包括更广大范围的各党各派和无党无派代表人物在内的同样是联合性质的民主的正式的政府，领导解放后的全国人民，将中国建设成为一个独立、自由、民主、统一和富强的新国家。"③ 实践证明，毛泽东的分析十分中肯，其预言最终一一实现。

毛泽东作为中国共产党第一代领导集体的核心，从其开始领导中国革命之初就一直致力于马克思主义中国化的伟大事业。依据马克思主义中国化的理论与实践最终指导中国革命走向胜利，其中积累了丰富的、成功的经验。在我国社会主义改造基本完成后，我国社会的主要矛盾发生了深刻的变化，人民群众日益增长的物质文化需求与落后的社会生产之间的矛盾，已经成为社会主要矛盾。毛泽东在这一过程中也运用马克思主义的基本原理，深入调查研究写出了《论十大关系》《关于正确处理人民内部矛盾》等马克思主义中国化的著名篇章。但是毛泽东在晚年毕竟出现了一些重大失误，特别是出现了"文化大

---

① 《毛泽东选集》第 1 卷，人民出版社 1991 年版，第 111—112 页。

② 同上书，第 119—120 页。

③ 《毛泽东选集》第 3 卷，人民出版社 1991 年版，第 1029—1030 页。

革命"那样全局性的失误。

概括而言，毛泽东晚年的错误主要集中于两点，即经济建设的急于求成和政治方面阶级斗争的扩大化。对于毛泽东晚年的失误要坚持历史唯物主义的态度，实事求是地分析其错误产生的原因，寻找规避类似错误的方法。

新中国成立后，我们的国家一穷二白，需要尽快医治战争的创伤，迅速恢复国民经济。在成功没收官僚资本，进行工业、农业和手工业社会主义改造之后，毛泽东提出"苦战三年，基本改变全国面貌"。发动了"大跃进"和人民公社化运动。"大跃进"超越了我国现有的生产力发展状况，希望通过经济的快速发展改变我国的落后状况。人民公社化运动则是忽视我国农业的生产实际和中国当时农村的生产力状况，希望尽快确立"一大二公"的生产资料公有制，促进生产力的发展。这些失误，是在探索过程中产生的。社会主义经济建设对于中国共产党来说还是一个新生事物，如何探索中国社会主义建设的正确路径还处于探索阶段。正如科学实验一样，作为探索本身就存在有失误的可能。对于建设经验的积累，也是一个从无到有、从少到多的过程。在新中国成立初期，人心思治，人心思进，全国迅速改变贫穷落后面貌的愿望十分强烈，一些干部容易在这种情绪的鼓动下做出一些不切实际的激进的决策。而党内一些同志没有在社会主义改造取得胜利的情况下，保持住谦虚、谨慎、不骄不躁的作风，认为领导经济建设"也不过如此"。在"大跃进"和人民公社化运动中，毛泽东运用马克思主义的普遍原理探索中国建设道路的精神是可贵的。在这一过程中通过广大人民群众的辛勤劳动，也的确取得了若干成效。一大批合乎建设标准的水利工程建成投产，农业的生产机具有所更新，在一些工业极端落后的地区普遍建立起了一些适合地方发展要求的工业门类，为那些地区工业经济的进一步发展奠定了基础。通过实事求是地分析经济建设活动中的失误，毛泽东也清醒地认识到"建设强大的社会主义经济，在中国，五十年不行，会要一百年，或者更多的时间"①。

---

① 《毛泽东文集》第8卷，人民出版社1999年版，第301页。

此后，毛泽东对于经济建设工作的认识逐渐加深。广大干部群众也从现实的挫折中清醒过来，调整、巩固、充实、提高国民经济，在此后的几年间中国的经济出现好转势头。

毛泽东晚年在马克思主义中国化探索过程中所犯的另一个主要错误是阶级斗争扩大化，最终导致"文化大革命"那样的全局性错误。毛泽东个人思想认识上的偏差是导致发动"文化大革命"的主要原因。由于毛泽东理解马恩列斯著作中的某些观点的偏颇，导致其在实际政策上出现了"左"的倾向。党内对于毛泽东所执行的有关政策产生了分歧，毛泽东认为这是阶级斗争在党内的表现。加之苏共二十大后出现修正主义趋势，导致中苏关系恶化，中国处于与两个超级大国的对立状态，毛泽东担心中国党内产生修正主义，促使他加重估计了当时中国的阶级斗争形势。由于当时党内缺乏健全的民主集中制，对毛泽东的个人崇拜已经达于极致，没有任何人能够阻止毛泽东发动"文化大革命"，最终导致悲剧发生。

总之，毛泽东晚年的错误是一位探索者在寻找中国特色社会主义道路的过程中所犯下的错误。正如邓小平所言，就其性质，毛泽东的错误，终究是一个伟大的无产阶级革命家所犯的错误，这个错误跟林彪、"四人帮"所犯的错误是完全不一样的。就错误本身而言，是多方面原因造成的，领导制度、组织制度的问题都要考虑进去，全党认识水平的问题也要考虑进去。毛泽东晚年的错误也在一定意义上促使中国人民义无反顾地选择解放思想、改革开放，走出一条有中国特色的社会主义建设之路。毛泽东晚年的错误说明马克思主义中国化的历程不能一蹴而就、一劳永逸，必须要用发展的眼光看待马克思主义，看待马克思主义中国化。毛泽东一向提倡在学习马克思主义普遍原理的基础上结合中国的具体实际来观察世界、解决问题。遗憾的是毛泽东晚年对马克思主义著作的一些观点的理解出现了教条化倾向，使得马克思主义中国化事业只能在曲折中发展。站在党、国家、民族和人民的立场，公正、科学、全面、客观地评价毛泽东晚年的错误，才能更好地与时俱进，推进马克思主义在新的历史阶段中国化的进程。

（三）向实践学习

——坚持调查研究

　　"读万卷书，行万里路"、"纸上得来终觉浅，绝知此事要躬行"是大家都耳熟能详的佳句。在一个人的求学治道过程中，不但要博览群书，更要走进社会去了解最基层民众的需求，将书本的知识转换成为国家和人民做事情的能力。在革命战争时期，也只有注重调查研究，才能真正掌握战争的具体情况，并最终找到战胜敌人的具体方法。

　　在调查研究中增长知识。毛泽东从小就树立了救国救民的思想。在读有字之书的同时，他更主张读社会这本无字之书。毛泽东在他的读书笔记《讲堂录》中写道："闭门求学，其学无用，欲从天下国家万事万物而学之，则汗漫九垓，遍游四宇尚已。"天下大事包罗万象，只有走出象牙塔，走进社会的现实，才能真正理解民众的需求，找到真理。当时，毛泽东选择的办法是"游学"。

　　中国历史上有游学的传统。孔子作为儒家学派的创始人，是开创游学的第一人。孔子周游列国的治学精神被认为是游学的始源。孔子周游列国的初衷是宣传自己的政治主张，希望各国统治者能够"克己复礼"，达于"仁"的高度认同。这一主张在当时的时代背景下是无法得到社会普遍认同的。但是孔子游学期间访问了诸多有学问的人，诸如老子等。在这一过程中，孔子的学识得到了进一步的提升。此后，历史上不乏游学之人，樊深"游学于汾晋间，习天文及算历之术"。王维"读万卷书，行万里路"。后来，游学发生了分化。一部分知识分子将其作为结交良师益友，以求学问长进的路径；另外一些落魄的知识分子则以游学为名，为一些大户人家题诗写字，以求得一些银两，实际上是一种变相的"乞讨"。

　　毛泽东当时放弃在家乡殷实的自耕农生活，走出韶山冲，就是为寻求救国救民的大道。农民出身的毛泽东，比之呆板的学子更加懂得"农事不理，则不知稼穑之艰难；休其蚕织，则不知衣服之所自"的道理。

懂得不仅要学习书本知识，更要体察社会，读社会这本无字之书。在湖南一师读书期间，毛泽东深受湘学思想影响。对于顾炎武所提及的"天下兴亡，匹夫有责"的精神深表敬仰，尤其赞同顾炎武所提出的"经世致用"的学风，对于顾炎武"足迹半天下"的求学经历十分向往。湖湘学派的另一位大师王夫之所倡导的"必以履践为主，不徒讲习讨论而云学也"的治学理念对毛泽东的影响也很大。他抓住所有的时间去读书、看报、调研，践履笃行，以期能够改造不合理的旧社会。当时的湖南一师是湖南地区办得最有特色的一所学校，这里首先响应教育总长蔡元培的号召，将民主、自由、博爱等先进国民道德教育和以军事教育、事业教育为内容的实业教育纳入整个教育体系之中。当时在一师任教的杨昌济、黎锦熙、徐特立、方维夏、袁吉六等教师或是学富五车的饱学之士，或是留学海外多年，学贯中西的报国赤子。这些人都提倡现代教育理念，这些老师倡导立志、实践，主张"知行合一，实践为本"。所有这些思想的积累，促使毛泽东走出学校，走进广阔的社会，了解社情民意，增长知识才干，寻找改变不合理社会的路径。

　　毛泽东第一次游学的伙伴是萧子升。在长沙读书的岁月里，毛泽东一直想找个机会体会"汗漫九垓，遍游四宇"的滋味。1917年暑假，毛泽东回家乡探望了父母，之后不久便回到了长沙。在长沙，毛泽东找到自己的好友——楚怡中学的萧子升，问他暑期怎么过？两人一拍即合，决定过一段"游学"生活。这次游学历时一个月，行程九百多华里，游历长沙、宁乡、安化、益阳、沅江五县。这次游学经历使毛泽东了解到了许多基层群众的真实生活状态。比如在对佃农的调查走访中，毛泽东知道他们起早贪黑劳作一年，却只能得到三成的收成，七成的收成要交给地主。佃农生活艰难，难以度日，要是碰上天灾人祸，就有家破人亡的危险。与曾经在县衙当过门房的老人的交谈中，毛泽东更加清楚了"衙门口朝南开，有理没钱别进来"的腐败官场内幕。在走到沅江时，正好遇上洞庭湖涨水，他目睹了河水泛滥、良田房屋被淹，农民流离失所的悲惨场景。当地农民向他讲了当地地方官员搜刮民财，却中饱私囊，不修堤防，最终造成河水泛滥的内幕。在佛教圣地沩山上与寺院的方丈交谈，对方丈深通佛学，又精晓老庄的学问深感叹服，说道，真是"山外有山，人外有人"呀！在此次游学的基础上，毛泽东又在这年寒假到浏阳县文家市铁炉冲一带作调查。第二年，毛泽东又和蔡和森一起在浏阳、沅江等县调查，帮助农民劳动、写对联、书信，鼓励农民联合起来对地主豪绅进行斗争。

总之，毛泽东在长沙读书期间的"游学"活动，使他直接接触了最底层民众的生活，学到了许多书本上所没有的东西。在了解民生疾苦的过程中，也更加坚定了毛泽东改变不平等的人剥削人的社会制度的信念。在实际调查研究中所获得的真知，丰富了毛泽东观察社会的方法和手段，开其一生重视调查研究之先河。

在调查研究中了解真实的中国社会。帝国主义与中国的封建主义相结合，想把中国变成半殖民地半封建社会，变成帝国主义的附庸。面对国家破败的现实，中国人民进行了不屈不挠的斗争。太平天国农民起义、义和团运动、辛亥革命、五四运动等都是这种斗争的集中体现。

中国共产党第一次全国代表大会后，毛泽东担任中共湘区委员会书记兼中国劳动组合书记部湖南分部主任。根据中共一大决议，毛泽东决定在长沙创办工人夜校，开展平民教育，组织工人运动。为了解工人的实际工作情况，毛泽东于1921年冬在安源路矿进行了调查研究。当时的工人觉得毛泽东是一个读书人，劝说他还是不要进入危险的矿井，可毛泽东说："不要紧，你们天天在里面做工都不怕，我去看看还怕吗？"毛泽东走进矿井中，看到一个个赤身裸体、瘦骨嶙峋的工人进行着繁重的劳动。毛泽东在询问他们的工作生活状况后，痛心地说："你们的生活真苦啊！"有些工人解释说自己命苦。毛泽东坚定地告诉大家："咱们工人受苦，不是命里注定，而是帝国主义、资本主义压迫、剥削的结果。帝国主义分子、资本家从来不做工，生活那么好，我们工人成年拼命干活，生活反而这么苦，这是极不合理的！"毛泽东鼓励大家说："大家齐心协力抱成团，和帝国主义、资本家斗就有出路。""只要大家团结紧，就什么也不怕，是座山压在我们头上也能推倒。"毛泽东在安源路矿进行了一个星期的调查研究，和安源工人结下了深厚的友谊。在毛泽东的帮助下，安源路矿先后建起了工人夜校和工人俱乐部，为日后的安源大罢工奠定了基础。秋收起义时，安源地区群众基础好，秋收起义的指挥部就设在安源的张家湾。许多工人追随毛委员上井冈、走长征、爬雪山、过草地，成为红军中的骨干分子。安源调查，是毛泽东针对中国革命实际所做的第一次"解剖麻雀"的尝试，了解到了中国工人阶级的实际状况，是毛泽东以调查研究的方式研究中国革命的开始。

中国革命的胜利是一条农村包围城市的道路，对于中国的农民阶级状况必须要有深刻的了解。1925 年，党内对于中国农民运动有着不确定的看法。针对这种状况，1925 年正月十四，毛泽东回到了阔别多年的家乡。"润之先生回来了"的消息不胫而走，乡亲、好友、同学都不约而同地来到韶山冲上屋场毛泽东的家里，讲述着这些年来家乡的具体情况和当地豪绅对于农民的压迫。毛泽东在乡亲们的谈话中深深感到中国的广大农村蕴藏着巨大的革命力量，这正如一堆干柴，只要有人能在上面点上一把火，就能够熊熊燃烧起来。毛泽东长期思索的中国革命的道路问题也是在这次回家乡的旅程中初步找到了答案。期间，毛泽东还主动走出去，广泛接触农民群众，了解他们的生产生活状况，向他们宣传革命的道理，并与几个农民运动的骨干分子秘密成立了农民协会，准备开展斗争。1926 年，毛泽东在掌握大量一手资料的基础上，写成了《中国佃农生活举例》和《中国农民中各阶级的分析及其对革命的态度》等调查报告。这为后来《湖南农民运动考察报告》的诞生奠定了基础。

1926 年，随着北伐战争的胜利进军，湖南、湖北、江西等地出现了农民运动的高潮。农民运动打碎了农村地主阶级和地方豪绅的美梦。一些人说农民是"土匪"，如果农民运动不取消，农村就永远得不到安宁。由于国民党右派与农村的地主豪绅有着千丝万缕的联系，他们也站在地主的立场上说，农民运动动摇了北伐战争的大后方，应当解除农民武装，取消农民政权，解散农民运动。针对农民运动的责难，毛泽东认为要旗帜鲜明地回答农民运动究竟是"好得很"还是"糟得很"的问题，必须要进行实地的调查研究，才能掌握真实情况。而这时，面对责难处于迷茫中的湖南农民运动领导人也想让担任中共中央农民运动委员会书记的毛泽东到华南进行考察，给予指导。1926 年 12 月毛泽东从武汉到长沙，参加湖南农民、工人代表大会。毛泽东认为，农民的暴力革命手段是"革命斗争所必取的手段"。会议之后，毛泽东从长沙出发考察农民运动情况。在湘潭、湘乡、衡山、醴陵等地先后留下了毛泽东考察的足迹。1927 年 2 月 5 日，毛泽东回到长沙后，将这次考察的见闻向中共湖南区委作了简单的汇报。此后不久，一份详细的《湖南农民运动考察报告》便出台了。在这篇报告中，毛泽东这样评价农民运动，他说：农民运动"乃是广大的农民群众起来完成他们的历史使命，乃是乡村的民主势力起来打翻乡村的封建势力。宗法封建性的土豪劣绅，不法地主阶级，是几千年专制政治的基础，帝国主义、军阀、贪官污吏的墙角。打翻这个封建势力，乃是国民革命的真正目标"①。对于农民运动过分的责难，毛泽东斩钉截铁地说："革命不是请客吃饭，不是做文章，不是绘画绣花，不能那样雅致，那样从容不迫，文质彬彬，那样温良恭俭让。革命是暴动，是一个阶级推翻一个阶级的暴烈的行动。"② 当时的共产国际执委会主席布哈林称赞这篇报告"文字精炼，耐人寻味"。毛泽东的调查研究回答了革命斗争中的基本问题，是毛泽东在实践中学习求得真知的具体例证。

后来，毛泽东将这种在实际调查研究中获得真实情况的调查研究方法，作为全党坚持马克思主义与中国革命实际相结合的具体路径。提出了"没有调查，就没有发言权"，"你对那个问题的现实情况和历史情况既然没有调查，不知底里，对于那个问题的发言便一定是瞎说一顿……这是共产党员的耻辱"③。那些不注重调查研究的"本本主义的社会科学研究法也同样是最危险的，甚至可能走上反革命的道路，中国有许多专门从书本上讨生活的从事社会科学研究的共产党员，不是一批批地成了反革命吗？"④ 因此，中国革命斗争的胜利要靠中国同

---

① 《毛泽东选集》第 1 卷，人民出版社 1991 年版，第 15 页。

② 同上书，第 17 页。

③ 同上书，第 109 页。

④ 同上书，第 111 页。

志了解中国情况，要俯下身去做好调查研究，将马克思主义的原理与中国革命的具体实际相结合，才能找到适合于中国的革命之路。

通过调查研究找到中国革命的正确之路。中国革命之路是农村包围城市，武装夺取政权。这一道路完全区别于苏联的"城市中心"起义模式。这一道路是马克思主义中国化的成果，也是毛泽东等人基于对中国社会性质的分析，通过调查研究和长期革命实践而得出的成果。

1927年，国民党反动派先后发动"四·一二"、"七·一五"镇压中国共产党和革命群众，造成了大革命的失败。中国共产党在紧急关头召开了八七会议，决定以武装的革命反对武装的反革命。

1927年秋收起义的时候，毛泽东已经是著名的"农民运动的王"。在秋收起义的准备阶段的一次会议上，赣西农民自卫军总指挥兼安福县农军负责人王亚兴向毛泽东介绍了湘赣边界罗霄山脉中段的井冈山，说这里地势险要、谷深林密，只有一条狭窄的小路通往山内，是一个进可攻退可守的屯兵好地方。王亚兴的情况介绍引起了毛泽东的很大兴趣，王亚兴又向他介绍了井冈山地方武装王佐、袁文才的一些基本情况。1927年9月9日，秋收起义爆发后，起义军兵分三路分别向平江、浏阳、萍乡三县进发。由于当时湘赣边界群众基础并不是特别好，分路进兵又使得原本力量薄弱的起义军兵力分散、各自为战。所以起义军在起义之初打了几个小的胜仗以后，很快就陷入被动。

在这种形势下，毛泽东当机立断，决定放弃攻打长沙的计划，改向敌人力量相对薄弱的湘南进军。在进军途中，宋任穷奉江西省委委派送来江西省委书记王泽楷的亲笔信。信中介绍了井冈山的一些基本情况。毛泽东想到了原来王亚兴提及的王佐和袁文才，便立即向宋任穷了解井冈山的详细情况。经过调查分析，毛泽东决定，将以宁冈为中心的罗霄山脉中段作为工农红军的安身之处。后来，毛泽东等人逐渐找到了中国革命应走的正确的道路，即"农村包围城市，武装夺取政权"。中国革命沿着这条道路前进，最终获得成功。

通过调查研究指导经济建设工作。中国革命的胜利是与中国共产党在不同的历史时期执行了有针对性的经济工作指导方针密切联系的。毛泽东曾经指出："革命战争的激烈发展，要求我们动员群众，立即开展经济战线上的运动，进行各项必要和可能的经济建设事业。"① 只有充足的物质准备，才能够保障战争的物资供给，改善人民的生活，群众在获得物质实际利益的时候才能组织起来，集合在党的旗帜下。为此，毛泽东在各个历史时期都十分重视经济建设工作，在不同的革命阶段依据调查的实际情况制定了不同的经济政策。

1927 年，八七会议以后，毛泽东受命到湖南改组省委并领导秋收起义。毛泽东认为，湖南的秋收暴动的发展，要解决农民的土地问题，但单方面解决农民的土地问题是不行的，必须有一个军事的帮助。当时的湖南省委关于农民对于革命的态度、农民的最终需求有着不同的看法。毛泽东依据自己多年来对农民情况的了解说服了大家，湖南省委决定制定土地革命的纲领，并把起草的任务交给了毛泽东。为了更好了解农民需求，毛泽东决定到长沙县清泰乡实地调查农民土地问题。毛泽东回到长沙县清泰乡"板仓杨寓"，许多从韶山来长沙的乡亲到毛泽东的住处探望毛泽东，毛泽东便利用这个机会征询大家对于土地问题的看法。大家讨论激烈，毛泽东则用笔不时记下大家的观点。客人走后，毛泽东挥毫写下"土地纲领"，其中的"没收一切土地，包括地主自耕农在内，归之公有"，成为后来指导中国土地革命战争时期的基本土地政策。

1928 年，红军占领遂川后，城内冷冷清清，没有几个人。战士十分疑惑为什么人这么少。毛泽东解释说："这是敌人宣传造成的。敌人造谣我们是'共产共妻'的，是青面獠牙的红毛。我们要深入发动群众，宣传群众，揭露敌人的谣言，让群众知道，工农红军是为穷人谋利益的军队。"毛泽东指挥大家一方面做好组织宣传工作，另一方面则深入实际进行调查研究，制定针对城乡各阶层特别是针对城市小资产阶级的正确的方针政策。后来遂川成为红军在苏区的重要集市，对于繁荣苏区经济，保障红军作战都起到了很好的作用。

抗日战争进入相持阶段以后，国民党"消极抗日，积极反共"。特别是国民党五届五中全会以后，"溶共、限共、防共、反共"的各

---

① 《毛泽东选集》第 1 卷，人民出版社 1991 年版，第 119 页。

种摩擦达到了高潮。军事上封锁，经济上限制，加重了抗日根据地的困难。这时陕甘宁边区征收的粮食有所增加，加重了农民的负担。1941年6月3日，陕甘宁边区政府在延安的杨家岭小礼堂召开边区各县县长联席会议时，延川县代县长李彩云被雷电击中身亡。同一天，一位农民饲养的一头驴也被雷电击死。当地一位农民说："老天爷不开眼，响雷把县长劈死了，为什么不劈死毛泽东？"农妇伍兰花的丈夫在耕地时不幸被雷电击中死亡。伍兰花一边悲痛，一边大骂"世道不好"、"共产党黑暗"、"毛泽东领导官僚横行"。毛泽东知道后，决定派人进行调查。原来中共中央刚到陕北时，给老百姓分了地，征收的公粮比较少。家家有余粮，生活不错。可是近些年来，征收的公粮年年增加，加重了农民负担。毛泽东决心改变这种状况，一是实行精兵简政，二是着手开展大生产运动，倡导"自己动手，丰衣足食"。三五九旅开进南泥湾，开荒种地，不仅为艰苦的抗战提供了物质基础，而且积累了经济建设的宝贵经验，"提高劳动观念，增强官兵关系、上下关系，减轻农民负担，密切军民关系，军政关系，保证我们军队永远立于不败之地"。

新中国成立以后，由于我们对于经济建设缺乏必要的经验，尤其是"大跃进"期间，犯了急躁冒进的错误，使国民经济出现了较大困难，毛泽东深感有进行调查研究的必要。1960年6月，毛泽东在上海召开的中央工作会议上说："我们对于社会主义时期的革命和建设，还有一个很大盲目性，还有一个很大的未被认识的必然王国。我们要以第二个十年时间去调查它，去研究它，从中找出它的规律，以便利用这些规律为社会主义革命和建设服务。"会后，毛泽东写信给田家英，让他组织高水平的人员兵分几路去调查"大跃进"的实际情况。毛泽东也带着想了解农村具体情况的迫切心情，乘火车到天津、济南、上海、杭州、南昌、长沙等地调查实际情况。通过近一个月的实地调查研究，毛泽东掌握了大量的实际情况，果断结束"大跃进"的共产风、浮夸风，转而在全党大兴实事求是之风，注重调查研究，为以后经济工作的"调整、巩固、充实、提高"奠定了基础。

（四）毛泽东文风特点分析

文风是思想的表现。作为一个重视从思想上建党的政党，中国共产党将文风建设作为党的建设的重要组成部分。毛泽东是中国共产党优良文风的代表性人物，其文风主要特点概述如下：

高屋建瓴，文通中西。在中国的传统文化思维中，系统化、整体性思维占据有重要地位，是中华思维模式的主干。毛泽东在领导中国革命斗争实践中，将不同历史时期各方面的情况联系起来思考，这既是中国传统思维系统论的运用，也是遵循马克思主义历史唯物主义原理的现实呈现。毛泽东的系统论思维，其文章表现出高屋建瓴，文通中西的风格。

《孙子兵法》云："兵者，国之大事，死生之地，存亡之道，不可不察也。"战争对于一个国家来讲，是牵一发而动全身的事关全局的大事情，因此对于战争的指挥者来说必须要有全局系统的思维。中国革命战争的胜利是千百万革命战士付出鲜血和生命换来的，毛泽东的许多文章是基于指导战争的产物，因此，战争所需要的全局性思维也就成为毛泽东文风的一个特点。经历十年土地革命战争的洗礼，中国工农红军积累了丰富的战争经验，如何认识十年军事斗争的利弊得失，总结出其中的规律，并找到可以指导未来中国革命的有益的思想，是摆在全党面前的一件重要的事情。1936 年 12 月，毛泽东为系统总结第二次国内革命战争的经验，发表了《中国革命战争的战略问题》。毛泽东在文章中强调无论做什么事情，如果不知道那件事情的具体规律，就不知道如何去做好那件事情。毛泽东首先从中国的社会性质入手分析了中国革命战争的特色。中国的革命战争是在中国这样一个半殖民地半封建社会的国度里进行的，因此中国革命战争规律不但符合一般的战争规律，还要符合中国的特殊战争的规律。毛泽东启发大家要有全局观念，"只要有战争，就有战争的全局。世界可以是战争的一全局，一国可以是战争的一全局，一个独立的游击区、一个大的独

立的作战方面，也可以是战争的一全局"①。中国革命的性质是新民主
主义革命，其历史责任本应该由中国的资产阶级来担当，为什么由中
国共产党来领导呢？毛泽东分析指出："中国农民群众和城市小资产
阶级群众，是愿意积极地参加革命战争，并愿意使战争得到彻底胜利
的。他们是革命战争的主力军；然而他们的小生产的特点，使他们的
政治眼光受到限制（一部分失业群众则具有无政府思想），所以他们
不能成为战争的正确的领导者。因此，在无产阶级已经走上政治舞台
的时代，中国革命战争的领导责任，就不得不落在中国共产党的肩
上。"② 而中国革命的未来发展之路则要经历战略防御，战略反攻，并
取得最终的胜利。在这篇文章中毛泽东只论述到"战略防御"，其后
本来还有"战略反攻"、"政治工作及其他问题"两个方面，因为西安
事变的发生，毛泽东忙于处理西安事变，所以便搁笔了。但是仅就现
有文章的章节而言，毛泽东在这篇文章中展现的高屋建瓴的宏观思维
已经清晰地呈现在读者面前，具有启示意义。

在毛泽东《实践论》《矛盾论》这两篇称之为代表作的理论著作
中，更是深刻体现了他学贯中西的学识和行文风范。1937 年 4 月，毛
泽东应抗日军政大学之邀，为学员讲授哲学，历时 3 个多月，共 100
学时。讲义的部分章节，后经毛泽东整理重新加以充实就成为《实践
论》《矛盾论》。在《实践论》中，毛泽东系统地阐述了马克思主义关
于实践的观点，实践是认识的来源，实践是认识发展的动力，实践是
检验真理的标准，实践是认识的最终目的等重要观点。毛泽东运用
《三国演义》中"眉头一皱，计上心来"来说明通过实践以后的认识
升华过程，并结合中国抗日战争的具体实例来佐证。《矛盾论》精辟
地阐述了对立统一规律是唯物辩证法的根本规律，并以矛盾的普遍性
和特殊性、矛盾的同一性和斗争性为基本线索阐明了矛盾的精神实质，
反对将马克思主义教条化，将经验神圣化的做法，坚持矛盾的普遍性
和特殊性、共性和个性、绝对性和相对性相结合，从而为把马克思主

---

① 《毛泽东选集》第 1 卷，人民出版社 1991 年版，第 175 页。

② 同上书，第 183 页。

义普遍原理同中国革命具体实践相结合提供了哲学基础。在中国传统文化中，注重知与行的关系即"知行合一"的观点，《实践论》与中国传统文化基因有相互契合的地方，毛泽东运用马克思主义普遍原理与中国传统文化结合展现出了鲜明的时代特色，这也正是毛泽东高屋建瓴的理论视野与学贯中西的行文风格的集中体现。

实事求是，有的放矢。在中国革命斗争历程中，曾经出现过主观主义、本本主义和宗派主义等错误。这些错误的产生是与党内在很长一段时间内没有形成实事求是的作风有关。特别是党内的一些曾经读过马克思主义本本的人，只是满足于学习到了一点书本知识，粗枝大叶，夸夸其谈，满足于一知半解，但是不注重消化，尤其不愿意实事求是地做调查研究，与中国的具体情况结合起来去灵活运用马克思主义。毛泽东对这种做法深恶痛绝，他说这些人是"闭塞眼睛捉麻雀"、"瞎子摸鱼"，是留声机，忘记了认识新鲜事物和创造新鲜事物的责任。

毛泽东给出了正确对待和运用马克思主义的态度和方法。"就是要有目的地去研究马克思列宁主义的理论，要使马克思列宁主义的理论和中国革命的实际运用结合起来，是为着解决中国革命的理论问题和策略问题而去从它找立场、找观点、找方法的。这种态度，就是有的放矢的态度。'的'就是中国革命，'矢'就是马克思列宁主义。我们中国共产党人所以要找这根'矢'，就是为了要射中国革命和东方革命这个'的'的。这种态度，就是实事求是的态度。"① 毛泽东进一步说："'实事'就是客观存在着的一切事物，'是'就是客观事物的内部联系，即规律性，'求'就是我们去研究。"② 毛泽东希望大家要从国内外、省内外、区内外的所存在的所有事物，在尽可能地占有材料的基础上，用马克思主义的基本原理去研究分析，从而寻找到事物的内在规律。

毛泽东针对当时不讲究实事求是、无的放矢的风气进行了尖锐的

---

① 《毛泽东选集》第 3 卷，人民出版社 1991 年版，第 801 页。
② 同上。

批评。毛泽东批评道，一个很简单的事情，非要写成长篇宏论，那是"懒婆娘的裹脚，又长又臭"，不想让群众看得清晰明白。在战争时期，时间就是战机，时间就是生命，如果写一些不明不白的文章，就会耽误很多人的时间，谁也没时间看，所以要尽量写短文，说短话。在行文内容上，绝不可以说那些可有可无的空话套话。有些人喜欢写八股味的文章，装腔作势，借以吓唬别人，对革命对同志都是有害的。那些做八股文章的人则像是在开中药铺，干什么事情都要甲乙丙丁、一二三四或是子丑寅卯之类，很多的人文章不能提出问题、分析问题和解决问题，只能写一些低级的、庸俗的、幼稚的文章。这种文章写久了，人就会懒惰，就会变成眼高手低、志大才疏的庸碌之辈，最终只会流毒全党、妨碍革命。

毛泽东的每一篇文章都是针对中国革命和建设的实际问题来写的，没有任何空话套话、言之无物的情况。《中国社会各阶级的分析》《湖南农民运动考察报告》回答的是中国革命的依靠力量和根本动力问题。《中国的红色政权为什么能够存在？》《井冈山的斗争》《星星之火，可以燎原》实事求是地回答了"红旗到底能打多久"的疑问。《论反对日本帝国主义的策略》《抗日游击战争的战略问题》《论持久战》等文章回答了在民族矛盾上升为主要矛盾时期，中国能否最终战胜日本帝国主义的问题。《反对本本主义》《改造我们的学习》《整顿党的作风》《反对党八股》《在延安文艺座谈会上的讲话》则是针对党风、学风、文风所提出的正确的态度和方法。

生动形象、新意迭出。生动形象、新意迭出的文风是一个人思想活跃、知识丰厚、对事物本质拥有深刻把握的表现。生动形象的语言往往可以把深刻的道理讲得简单明了，给人以豁然开朗的感觉。新意迭出的文风则可以给人以知识和更多的启示，往往可以举一反三，提升能力。在中国文化史上这样的语言大师代有所出。在现代文化史上，毛泽东则是这样的语言大师。

毛泽东的语言寓庄于谐，生动形象，有时候让人读罢忍俊不禁。作为一代政治家，能有如此的语言风格在古今历史上并不多见。毛泽东曾经批评一些人做文章，像上海的小瘪三，一篇文章或讲话总是颠来倒去，只是那么几个名词，"学生腔"太浓。毛泽东形象地比喻说，上海的瘪三，瘦得难看，不像一个健康的人。文章如果写成像瘪三那样，就没有人喜欢看。如果照此做宣传则没有人愿意听、愿意信，效果肯定是不好的。为了使语言丰富起来，就必须要深入到群众当中，群众的智慧是无穷的，语言的生机与活力蕴藏在广大人民群众的生产革命实践中。同时，还要学习国外的先进文化，洋为中用，去粗取精，去伪存真，把对先进道理的学习与先进文化的学习相联系。毛泽东还启发大家学习中国的传统文化，对于死的语言和文化要坚决反对使用，但是对于有生机与活力的古代语言则要使其活起来，古为今用。

下面就毛泽东形象生动、新意迭出的语言风格做一个简单的举例说明。在《矛盾论》中，为了说明把握住事物的内部矛盾，并努力掌握其规律的重要性，毛泽东举了《水浒传》三打祝家庄的故事来说明："《水浒传》上宋江三打祝家庄，两次都因情况不明，方法不对，打了败仗。后来改变方法，从调查情形入手，于是熟悉了盘陀路，拆散了李家庄、扈家庄和祝家庄的联盟，并且布置了藏在敌人营盘里的伏兵，用了和外国故事中所说木马计相像的方法，第三次就打了胜仗。……表面性，是对矛盾总体和矛盾各方的特点都不去看，否认深入事物里面精细地研究矛盾特点的必要，仅仅站在那里远远地望一望，粗枝大叶地看到一点矛盾的形相，就想动手去解决矛盾（答复问题、解决纠纷、处理工作、指挥战争）。这样的做法，没有不出乱子的。"[①]《水浒传》三打祝家庄的故事世人皆知，而从唯物辩证法的角度来说明，毛泽东赋予了它崭新的含义。在《为人民服务》这篇文章中，毛泽东引用历史学家司马迁的话来说明为人民服务的重要意义，"人总是要死的，但死的意义有不同。中国古时候有个文学家叫做司马迁的说过：'人固有一死，或重于泰山，或轻于鸿毛。'为人民利益而死，就比泰山还重；替法西斯卖力，替剥削人民和压迫人民的人去死，就比鸿毛还轻"[②]。用司马迁的话来说明为人民服务的重要性，无疑使古

---

① 《毛泽东选集》第 1 卷，人民出版社 1991 年版，第 313 页。
② 《毛泽东选集》第 3 卷，人民出版社 1991 年版，第 1004 页。

老的话语又焕发出生机。《反对党八股》一文中，毛泽东在说明一些人的文章"无的放矢，不看对象"的时候，活用了"有的放矢"和"对牛弹琴"这两个成语，"射箭要看靶子，弹琴要看听众，写文章做演说倒可以不看读者不看听众吗？"① 将两个成语的意思反向运用，说明不看对象地乱讲一通是万万不行的，显出毛泽东作为一代文章大家的行文风范。

毛泽东作为一代文章大家，其文章当中涵盖了深邃的思想。由于毛泽东思想学识的丰厚，在行文上也表现出"横看成岭侧成峰，远近高低各不同"的特点。在本章中笔者将其简单概括为"高屋建瓴，文贯中西"、"实事求是，有的放矢"、"生动形象，新意迭出"几个方面，虽说不一定全面，但表达了我们对毛泽东作为一代文章大家的文风风范的认知。毛泽东将党风、学风、文风完美地融合在一起，永远是人们学习的典范。

（五）毛泽东学风文风的启示及当代价值

以毛泽东为代表的中国共产党人在中国革命建设过程中所形成的优良的学风文风，起到教育广大党员干部、纯洁共产党员党性、促进党的作风建设的巨大作用，由此奠定了中国革命和建设事业的思想基础、政治基础和文化基础，迎来了一个又一个辉煌胜利。在社会主义现代化建设的新时期，今天我们应继续坚定不移地坚持毛泽东学风文风优良传统，不断提高党员思想政治水平和道德文化素质，强化全心全意为人民服务的意识，以促进正确马克思主义世界观的确立，推动马克思主义中国化时代化大众化，推动马克思主义学习型政党的建设。具体而言，学习毛泽东学风文风具有以下重要意义：

学习毛泽东学风文风，有助于树立正确的马克思主义世界观。从鸦片战争到五四运动80年间，中国改良派与革命派的先驱人物前赴后

---

① 《毛泽东选集》第 3 卷，人民出版社 1991 年版，第 836 页。

继，他们学习西方、走资本主义道路的努力一再遭到失败，宣告了西方资本主义的社会实践在中国的破产。"十月革命一声炮响，给我们送来了马克思列宁主义。"① 从此，中国的先进知识分子坚定地举起了马克思主义的伟大旗帜，并将马克思主义基本原理与中国实际情况相结合，实现了马克思主义中国化的一系列理论成果，毛泽东学风文风思想就是其中最为鲜明的理论成果之一。作为毛泽东思想的重要体现，它强调应用马克思列宁主义的基本立场、观点、方法，研究中国的历史、现状及发展趋势，以理论为指导，以实践为基础，将改造客观世界和改造主观世界有机结合起来，实现了马克思主义与中国国情具体的、历史的统一。它正确地回答主观与客观、理论与实践、知与行的关系问题，它突出地强调群众路线，强调群众工作的重要性，强调群众的作用和价值，为中国革命和建设事业找到了动力源泉。毛泽东优良的学风文风是共产党人优良党风的表现，在世情、国情、党情发生深刻变化的今天，学习毛泽东学风文风，可以更加坚定全党的马克思主义意识，可以帮助人们树立正确的马克思主义世界观，从而指引着中国革命和建设事业阔步前进。

学习毛泽东学风文风，有助于促进马克思主义学习型政党的建设。中国共产党是马克思主义理论武装起来的政党，马克思主义理论是党的灵魂和方向。毛泽东的学风文风，坚持理论联系实际，其前提就是注重马克思主义理论的学习，掌握马克思主义理论武器。毛泽东学风文风建设思想，是作为我党第一代中央领导集体对建设马克思主义学习型政党进行重要探索的结晶。毛泽东学风文风发轫于土地革命时期，形成于国民革命时期，成熟于抗日战争时期，继续发展于社会主义改造和建设时期。为加强全党马克思主义理论素养，毛泽东在1938年召开的党的六届六中全会上，向全党提出了"普遍地深入地研究马克思列宁主义的理论的任务"② 随后开展了一场全党性的学习竞赛，掀起了一系列关于学风文风建设的教育学习活动。毛泽东倡导加强马克思

① 《毛泽东选集》第 4 卷，人民出版社 1991 年版，第 1471 页。
② 《毛泽东选集》第 2 卷，人民出版社 1991 年版，第 533 页。

主义理论学习的努力，使全党的马克思主义理论修养和学风文风得到了很大的提高。由于毛泽东着力于理论联系实际、坚持党的群众路线、求真务实的党的学风建设，极大地促进了中国共产党从早期的幼稚阶段走向成熟，从犯过"左"倾盲动错误的党成长为一个深谙中国国情、紧密联系群众、与时俱进、不断创新的马克思主义政党，最终成为一个领导全国人民不断取得革命和建设胜利、能够经受长期执政考验的伟大的执政党，在这一过程中，毛泽东优良的学风文风起到至关重要的作用。实践发展永无止境，认识真理永无止境，理论创新永无止境。学习毛泽东的学风文风，有助于推进马克思主义学习型政党的建设和党的先进性建设。

学习毛泽东学风文风，有助于改进新时期党的学风文风。

当前，从我国理论界的情况来看，学风文风问题产生了新的特点，有的问题还比较突出。尤其是存在一定程度上的主观主义、教条主义和洋八股，这些不正的学风，影响了党的作风，有碍于中国社会主义现代化建设各项事业的发展。

新的历史时期，我们面临着加快经济发展进步和全面建设小康社会的历史重任，随着我国改革开放的不断深入和社会主义现代化建设的发展，以经济改革为核心的改革渐入深水区，各种矛盾和争端凸显。改革开放引进了国外先进技术和管理经验，促进了生产力的发展、人民生活水平的提升和国家的富强，但也引进了一些资产阶级剥削思想及其不良风气。更由于利益主体的多元化，带来了社会价值观的多元化，使得社会上在一定范围内和一定程度上存在着价值观念和学风文风的混乱、失序。此外，新时期的传播环境的变化特别是网络新媒体传播媒介的兴起，也引起学风文风新的变化。这反映到学风文风领域消极的一面就是学风文风观念淡薄，表现为一些党员干部学习马克思主义学风理论不勤，理解马克思主义学风内涵不深，实践马克思主义学风理论不够。这些不良学风表现在文风上，出现了一些学术语言故作高深，艰涩难懂，逐渐脱离人民群众；一些网络流行语言侵入书面语和正式文体之中，引起逻辑混乱和行文风格的"去规范化"。一些外来词汇夹杂在本土词汇之中，造成文风的不伦不类和民族语言的异化。学风文风反映党风，学风文风松弛在一定程度上反映出党风松弛，这些现象值得全党关注和警惕。纵览毛泽东学风文风发展史，毛泽东那种始终紧扣时代发展要求，高度重视学风文风建设，抵制错误思想的影响，坚决同各种不良学风文风展开不懈斗争并取得辉煌成就的历史经验和宝贵精神尤其值得我们学习、借鉴，发扬光大。

在新的历史时期，我们应该充分认识毛泽东学风文风的当代价值和历史意义，继承毛泽东学风文风光荣传统，继续坚持马克思主义科学学风与革命文风的统一，把一切从实际出发、实事求是、理论联系实际的马克思主义学风应用于文件、讲话和文章中，大兴调查研究之风，虚心向群众学习，把群众多彩的生活，生动的语言倾注在文字章句里，造就既富思想性、又富创造性，既富理论性、又富实践性、时代性的新学风文风。

参考书目

专著类

《毛泽东选集》第1—4卷，人民出版社1991年版。

《毛泽东文集》第8卷，人民出版社1999年版。

《毛泽东同志90周年诞辰纪念文选》，人民出版社1984年版。

《建国以来重要文献选编》，中央文献出版社1997年版。

《毛泽东早期文稿》，湖南人民出版社2008年版。

《杨昌济文集》，湖南教育出版社1983年版。

《达化斋日记》，岳麓书社1996年版。

《毛泽东早年读书生活》，万卷出版公司2005年版。

《马克思恩格斯全集》，人民出版社1974年版。

《毛泽东自述》，人民出版社1996年版。

[美] 埃德加·斯诺：《西行漫记》，生活·读书·新知三联书店1979年版。

陈晋主编：《毛泽东读书笔记解析》上下，广东人民出版社1996年版。

龚育之、逄先知、石仲泉：《毛泽东的读书生活》，中央文献出版社2003年版。

王以平：《毛泽东求学的故事》，湖南人民出版社1979年版。

路则逢主编:《毛泽东诗词涵咏》,山东人民出版社 1993 年版。

《跟毛泽东学方法》,红旗出版社 2003 年版。

《历史学者毛泽东》,西苑出版社 2013 年版。

《毛泽东读书治国》,中央文献出版社 2008 年版。

后　记

　　本书由中国社会科学网总编辑、历史学博士周溯源编审策划，提出主旨、基本框架、基本论点、写作要求和原则，推荐参考资料，负责统稿审改。本书总论、第一章及第三章第五节由颜兵执笔，第二章由彭秋归执笔，第三章前四节由齐泽垚执笔。周杏坤研究员对全书初稿进行了修改、润色，提出了进一步加工的指导意见。张吉明研究员对本书体例提出了建议。在此对周杏坤、张吉明两位同志一并表示感谢。

　　由于编著时间不宽裕及作者水平所限，书中如有不当之处，敬请读者批评指正。

编著者

2013 年 10 月